冬のアスリートたち

羽生結弦

あくなき挑戦《ちょうせん》の軌跡《きせき》

2018年平昌オリンピックFSでの演技《えんぎ》

カナダ・トロントにて

2007年全日本ジュニア3位入賞

2011年全日本選手権《せんしゅけん》

2014年GPシリーズ初戦。アクシデント後の渾身《こんしん》の演技《えんぎ》

2015年バルセロナ・GPファイナル

史上《しじょう》初のGPファイナル3連覇《れんぱ》を達成

冬季オリンピック1,000個目のメモリアル金メダル

2018年平昌オリンピック

冬のアスリートたち

羽生結弦

あくなき挑戦《ちょうせん》の軌跡《きせき》

もくじ

1

66年ぶりの連《れん》覇《ぱ》

2018（平成30）年2月17日、23歳《さい》の羽生結弦は、伝説の人になりました。韓国の平昌でおこなわれた冬季オリンピックの男子フィギュアスケートで、金メダルを獲得《かくとく》しました。優勝《ゆうしょう》が決まると、羽生選手の目から涙《なみだ》がこぼれ落ちました。普段《ふだん》は、クールといわれている青年の涙《なみだ》でした。多くの意味が込《こ》められた熱い涙《なみだ》でした。

フィギュアスケートのシングルは2日間にわたっておこなわれます。1日目の2分50秒以内で争われるショートプログラム（SP）と、2日目のフリースケーティング（FS）という4分20秒〜40秒でおこなわれる点数を合計して順位が決まります。1日目のショートプログラムで、羽生選手はライバルたちのだれよりも美しい演技《えんぎ》で、トップに立ちました。しかし、このことが、多くの人たちには奇跡《きせき》と映《うつ》ったのです。

前年の11月9日、大阪でおこなわれたNHK杯《はい》の公式練習《れんしゅう》で、羽生選手は悪夢《あくむ》を見ました。4回転ルッツという、超高難度《ちょうこうなんど》のジャンプを試しているとき、着氷に失敗、右足首を痛《いた》めてしまったのです。このときは、立って氷の上を去りましたが、診察《しんさつ》を受けると、大けがだったことがわかったのです。もちろん、NHK杯《はい》には出場できません。すぐに、本拠地《ほんきょち》として練習《れんしゅう》を続けてきたカナダのトロントに帰っていきました。それ以降《いこう》、羽生選手の姿《すがた》は見られなくなりました。その後は、なかなか日本に羽生選手の動向は伝えられませんでした。

「羽生は大丈夫《だいじょうぶ》か」

「もう、平昌オリンピックには出られないかもしれない」

などと、だれもが心配の日々を続けていたのでした。

足の状態《じょうたい》も心配ですが、長く試合から離《はな》れているため「実戦感覚」も心配の種《たね》の一つでした。さらに、出られたとしても、ジャンプに対する恐怖《きょうふ》が残っているかもしれません。

平昌で、実戦のリンクに立ったのは、前年10月のグランプリ（GP）シリーズ・モスクワ大会以来、実に118日ぶりのことでした。会場の観客も、全国のファンも固唾《かたず》を飲んで、羽生選手の演技《えんぎ》を見守ります。静まり返る会場に、静かにピアノの演奏《えんそう》が流れはじめます。そして、20秒後でした。羽生選手が最初のジャンプを跳《と》びました。高い難度《なんど》の4回転サルコーです。高く舞《ま》い上がると高速で回転して、しなやかに氷上に降《お》り立ったのです。まっすぐに伸《の》びた軸《じく》は寸分《すんぶん》の狂《くる》いもなく、見事なジャンプでした。

会場は、割《わ》れるような歓声《かんせい》、拍手《はくしゅ》に包まれました。ライバルたちをまったく寄《よ》せ付けない、素晴《すば》らしい演技《えんぎ》でした。

「奇跡《きせき》をみているようだ」

「強くて、美しい羽生が戻《もど》ってきた」

会場も、日本でテレビ観戦していた人たちも驚《おどろ》くような鮮《あざ》やかな演技《えんぎ》でした。日本ばかりではありません。羽生ファンは世界中にいて、フィギュアファンの間に「羽生復活《ふっかつ》」は伝えられたのでした。しかし、ファンたちがそうだったように、羽生選手自身にとっても、不安と希望が入り交じった中での再《さい》スタートだったのです。羽生選手はオリンピックの開会式から2日後の2月11日夕方、韓国に入りました。公の場に姿《すがた》を見せるのは、大けがで姿《すがた》を消してから94日ぶりとあって、仁川国際空港《こくさいくうこう》では多くの報道陣《ほうどうじん》や、ファンに囲まれました。表情《ひょうじょう》は穏《おだ》やかに見えました。矢継《やつ》ぎ早に質問《しつもん》が飛び出しました。

「ここまで非常《ひじょう》にむずかしかった。陸上トレーニングなどを必死になってやってきました。この場に来られたのがうれしい。このオリンピックをしっかりと感じたい」

――何パーセントの復調《ふくちょう》ですか？

「何パーセント？　そうですねえ……　まだ滑《すべ》ってみなければ……。ただ、(自分は）まだ伸《の》びしろのある選手だと思っています。どの選手より勝ちたい気持ちはあります」

完全にけがが治ったとはいいませんでした。不安を抱《かか》えながらも、金メダルは欲《ほ》しいという思いが込《こ》められていたのでしょう。

翌日《よくじつ》から、練習《れんしゅう》リンクや本番リンクでの練習《れんしゅう》がはじまりました。足慣《あしな》らし程度《ていど》からはじまった練習《れんしゅう》は、遅《おく》れを取り戻《もど》すように徐々《じょじょ》に本格化《ほんかくか》していきます。しかし、本当の状況《じょうきょう》を知っているのは、羽生選手自身と、カナダで教えてくれているブライアン・オーサーコーチぐらいのものです。練習《れんしゅう》を見ていただけでは、一般《いっぱん》の人には、羽生選手の仕上がり具合は簡単《かんたん》には見分けられません。ただ、羽生選手より1週間ほど前に現地《げんち》入りしたオーサーコーチは、自信たっぷりに話していました。

「ユヅルを甘《あま》く見ないでいただきたい。彼は強い。百パーセント勝てる」

これを、言葉どおりに信じていいものか、謎《なぞ》のまま、時間は過《す》ぎました。そして、運命のSPの前日、羽生選手は口を開きました。

「みなさん待っていてくださるので、待っていてよかったなあと思われるような演技《えんぎ》をしたい。自分自身が自分の期待を超《こ》えるような演技《えんぎ》をしたい」

さらに、この時点で、平昌オリンピックではまだ日本人の金メダリストが生まれていないことを問われて、きっぱりといいました。

「だれが取ろうと、僕《ぼく》も（金メダルを）取ります」

じっと前を見据《みす》える羽生選手の姿《すがた》がありました。日本のテレビで、この会見を見た、かつて小学から中学時代に羽生選手を教えた都築章一郎さんはいいました。

「結弦は、有言実行ができるような青年になっている」

都築先生やオーサーコーチの「予言」は当たりました。ふたを開けてみたら、羽生は完璧《かんぺき》な演技《えんぎ》で答えを出して見せたのでした。ホッとした顔で、羽生選手は、ジャンプの種類を織《お》りまぜながらいいました。

「僕《ぼく》はオリンピックを知っている。自分の体が覚えている。サルコーも、トーループも、アクセルも何年間も一緒《いっしょ》に付き合ってくれたジャンプ。感《かん》謝《しゃ》しながら跳《と》んでいました」

前回の2014年ソチオリンピック、19歳《さい》で金メダリストになった体が、オリンピックでの戦い方を覚えていてくれたというのです。そこには、王者のプライドがにじみでていました。けがからの苦境《くきょう》をはねのけ、しかも、それを新しい力に変えた羽生選手でした。翌日《よくじつ》におこなわれ、いよいよ最終結果がでるＦＳ競技《きょうぎ》を見据《みす》えて、こうもいいました。

「2カ月間滑《すべ》れなかった間も、努力し続けた。その努力をしっかり結果として出したい」

自分に勝った

ほとんど明かされることのなかった3か月の苦悩《くのう》ぶりが、日を追うごとに少しずつ明かされはじめました。11月9日のけがは、はじめは、普通《ふつう》の足首の捻挫《ねんざ》と思われていたのが、実は重傷《じゅうしょう》だったことが判明《はんめい》します。右足関節外側靱帯損傷《じんたいそんしょう》でした。簡単《かんたん》にいうと確《たし》かに捻挫《ねんざ》です。しかし、単純《たんじゅん》なものではなかったのです。炎症《えんしょう》は靱帯《じんたい》ばかりか、骨《ほね》にまで悪影響《あくえいきょう》を与《あた》えていました。懸命《けんめい》な治療《ちりょう》を続ける間、氷どころか、体を動かすことさえままならなかった時間を過《す》ごします。

オリンピックまでは3か月しかありません。しかし、羽生選手は苦悩《くのう》の中にありながら、あきらめませんでした。それどころか、しっかりと前を向いて生きていました。

「氷に乗れないなら、今できることを、しっかりやろう」

と考えた羽生選手は、焦《あせ》りを押《お》し殺すように、リハビリの方法や、試合までの調整法、運動力学や生理学、心理学などを研究する日々を続けたのです。後日、羽生選手は述《の》べています。

「あの2か月は、決して無駄《むだ》ではありませんでした。滑《すべ》ることのできなかったあの期間があったからこそ、研究、作戦を学び、勝つために平昌に臨《のぞ》むことができたのです。けがをしていなかったら、学ぶ機会はありませんでした」

傷《きず》つき、倒《たお》れ、失望のどん底に沈《しず》んでも、それさえもプラスに変えてしまおうという心の強さは、だれでも簡単《かんたん》にまねできるものではありません。いま、苦悩《くのう》している人たち、崖《がけ》っぷちに立たされている人たちに、勇気とひと筋《すじ》の光を与《あた》えることになったのです。

ＳＰの素晴《すば》らしい演技《えんぎ》から一夜明けた17日。泣いても笑っても、メダルの決まるＦＳの演技《えんぎ》がはじまりました。フィギュアスケートの順位は、ＳＰと、ＦＳの合計点で決まります。ＳＰで１１１・68をあげ、首位発進した羽生選手ですが、ライバルたちも多く、油断《ゆだん》はできません。少しのミスが命取りになるのがこの競技《きょうぎ》です。２位にはスペインのハビエル・フェルナンデス選手が１０７・58、３位には日本の宇野昌磨選手が１０４・17で続いています。

「何よりも勝ちたい。だれよりも勝ちたい」

静まり返る会場に、日本の古典音楽の演奏《えんそう》が流れはじめます。映画《えいが》「陰陽師《おんみょうじ》」からとった、おごそかな調べです。美しい、なめらかなスケーティングから演技《えんぎ》がはじまりました。

観衆《かんしゅう》が固唾《かたず》をのむ中、まず最初のジャンプは、4回転サルコーという技《わざ》でした。高く舞《ま》い上がり、空中でクルクルと4回転、そして、まだ痛《いた》みの残っているはずの右足で着氷しました。

それが、寸分《すんぶん》の狂《くる》いもなく、ピタリと決まって会場は大歓声《だいかんせい》に包まれました。あとは、だれもまねできないほど美しいといわれる羽生結弦の世界でした。疲《つか》れの出る後半に入って、少しぐらつきはありましたが、氷上に美しい軌跡《きせき》を描《えが》くスピンを最後に、観衆《かんしゅう》を魅了《みりょう》した演技《えんぎ》は終わりました。

その瞬間《しゅんかん》、羽生選手は、右手の人さし指を天に向かって突《つ》き上げました。

「勝ったと思いました。今回は自分に勝てたと思いました」

すべてを出し切った羽生選手の顔には、汗《あせ》が光り、安堵感《あんどかん》が漂《ただよ》っていました。この日一番の拍手《はくしゅ》が鳴り止まない中、氷上で前かがみになり、羽生選手は、右足首にそっと両手を持っていきました。

「ありがとう。耐《た》えてくれて、がんばってくれてありがとう」

4回転ジャンプ2種類4本を含《ふく》む8つのジャンプの入った演技内容《えんぎないよう》でした。その日の朝、オーサーコーチと話し、足に負担《ふたん》がかかり、とても難《むずか》しいとされる、4回転ルッツと4回転ループという技《わざ》は避《さ》けたものの、いつ限界《げんかい》が来てもおかしくなかった右足首に、感謝《かんしゃ》の言葉をかけたのでした。

後で分かったことですが、右足首は本当に悲鳴《ひめい》をあげていたといいます。

「患部《かんぶ》は注射《ちゅうしゃ》がうてない部位で、痛《いた》み止めを飲まなければジャンプを跳《と》べない状況《じょうきょう》でした」

演技《えんぎ》を終えた羽生選手は、「キス・アンド・クライ」に引き揚《あ》げました。オーサーコーチが、抱《だ》き締《し》めます。羽生選手の目にも、オーサーコーチの目にも涙《なみだ》が光っていました。キス・アンド・クライ。キスは選手を祝《しゅく》福《ふく》するためにおこなうものであり、クライ（泣く）は、思い通りに行かなかった選手や、感極《かんきわ》まった選手たちが流す涙《なみだ》のことです。リンクわきの一角につくられたこのスペースで、選手は採点《さいてん》の結果を待つことから、そう呼《よ》ばれています。この日の羽生選手の涙《なみだ》は、もちろん、うれし涙《なみだ》でした。

「まず滑《すべ》ることができて、自分がやりきれる演技《えんぎ》で、なんとか乗り越《こ》えられた。自分に勝った」

1000個《こ》目の金メダル

金メダル獲得《かくとく》のためには、ライバルたちに勝つことが一番大事です。しかし、このオリンピックで、羽生選手が同じくらい大事にしていたことがありました。それは「自分に勝つ」ことでした。けがから3か月、短い時間に、治療《ちりょう》し、リハビリし、研究し、なにより、めげる心と戦い続けたのです。ライバルに勝つには、まず自分自身との戦いに勝つことが求められたのでした。

自分の心の弱さが出ると負けるのが勝負の世界です。実は、完璧《かんぺき》に近いと見られた羽生選手のFSの演技《えんぎ》でしたが、FSに限《かぎ》れば、ライバルの1人に負けていました。羽生選手の206・17点に対して、アメリカのネーサン・チェン選手は215・08点を出して1位となりました。しかし、チェン選手は、初日のSPで17位と大きく出遅《でおく》れ、総合得点《そうごう》では297・35点で5位に終わりました。羽生選手は、FSでチェン選手におくれをとりましたが、堂々、総合《そうごう》317・85点で優勝《ゆうしょう》しました。チェン選手は、羽生選手の強烈《きょうれつ》なライバルとして、優勝候補《ゆうしょうこうほ》のひとりでした。それが、金メダルの重圧《じゅうあつ》に押《お》しつぶされたのでしょうか。SPではミスを連発して優勝圏外《ゆうしょうけんがい》へと去っていきました。4年に1度のオリンピックとは、そういうものなのです。一方、羽生選手には、多くのハードルを乗り越《こ》える「自分に勝つ」力が備《そな》わっていたのです。

3位となり、悲願《ひがん》の銅《どう》メダルを獲得《かくとく》した26歳《さい》のフェルナンデス選手がいいました。

「けがをしてから今日まで、ユヅルはだれよりもオリンピック連覇《れんぱ》を望んでいました。彼を誇《ほこ》りに思います。ユヅルのメンタル（精神面《せいしんめん》）の強さは素晴《すば》らしい」

フェルナンデス選手はスペインの人ですが、羽生選手と同じく、カナダのトロントでオーサーコーチの指導《しどう》を受けています。だから、羽生選手の苦悩《くのう》と努力を間近で見てきた「兄弟弟子」ということになります。ライバルでありながら、自分より年下の羽生選手を尊敬《そんけい》し、この日は「誇《ほこ》りに思います」といいました。年上のライバルをも感動させる羽生選手の精神力《せいしんりょく》には、やはりすごいものがあります。

羽生選手に続いて、見事銀メダルに輝《かがや》いたのは、20歳《さい》、オリンピック初出場の宇野昌磨選手でした。羽生選手より3歳《さい》年下の初々しい演技《えんぎ》が光りました。2人は、「ユヅくん」「ショーマ」と呼《よ》び合う、兄弟のような仲です。宇野選手は、羽生選手にあこがれ、目標にして頑張《がんば》って来ました。その宇野選手がいいました。

「最初から最後まで、自分に負けなかった。悔《くや》しさはまったくありません。だけど、僕《ぼく》が羽生選手にあこがれたみたいに、僕《ぼく》を目標にする選手はまだいない。

満足感はあるが、羽生選手にくらべて、僕《ぼく》にはまだ足りないものがある。まだまだ、これからです」

ライバルたちからは目標にされ、自分はこわれそうな足と、あせりと不安をかかえながら金メダルに挑《いど》むことは、とても難《むずか》しい。くり返すようだが、そこには、まず自分に打ち勝つことが必要でした。自分に勝つことの一つには、4年前のソチオリンピックの「金メダルを超《こ》える金メダル」という目標もあったのです。

同じ金メダルでも、羽生選手の心の中には、もっと違《ちが》う輝《かがや》きを放つ金メダルというものがありました。一度金メダルをとると、人はそこで満足してもおかしくない。しかし、19歳《さい》でソチオリンピックの金メダリストになりながら、羽生選手が完全には満足することはありませんでした。そこが、並《なみ》の人間とは違《ちが》います。

じつは、ソチオリンピックでは、優勝《ゆうしょう》したとはいえ、FSのジャンプで転倒《てんとう》したり、体がぐらつくシーンが何度かありました。それでも、そのミスをおぎなうような素晴《すば》らしい演技《えんぎ》で金メダリストにのぼりつめていました。このことが、次のオリンピック（平昌）を目指す羽生選手の、新たなモチベーションになっていました。つまり、「ソチオリンピックの自分を超《こ》える自分」を目標に掲《かか》げていたのです。同じところに止まることをよしとしない、それが羽生選手なのです。選手として、人間として成長し続けたい思いが、常《つね》にある人なのです。

「あのソチの、フリーのミスが、ここまで4年間頑張《がんば》り、強くなれた原因《げんいん》のひとつでした。それは、自分へのリベンジでした」

「ソチオリンピックの時と違《ちが》って、非常《ひじょう》にたくさんの思いを込《こ》めて金メダルを取りに行きました。いろいろなものを犠牲《ぎせい》にして得たごほうびをいただきました。思い描《えが》いていたメダルを首に掛《か》けていることが、本当に幸せです」

見事なオリンピック2連覇《れんぱ》でした。その後に、フィギュアスケートの神様は、本当にいるのかも知れない、と思わせるような出来事が待っていました。優勝《ゆうしょう》を決めた直後、国際《こくさい》オリンピック委員会（ＩＯＣ）が、うれしい発表をおこなったのです。

「羽生結弦が、男子フィギュアスケートで獲得《かくとく》した金メダルは、1924年冬季オリンピックがはじまってから、ちょうど通算1000個《こ》目の金メダルになりました」

なんということでしょうか、長い歴史を誇《ほこ》る冬のオリンピックで、切りのいい1000個《こ》目のメモリアル金メダルになっていたのでした。ちなみに、冬の金メダル第1号は、1924年第1回シャモニー大会（フランス）のスピードスケート男子500メートルで、チャールズ・ジュートロー選手（米国）が獲得《かくとく》していました。羽生選手の金メダルより、94年も前のできごとです。

999個《こ》目でもなければ、1001個《こ》目でもない金メダルを射止《いと》めることは簡単《かんたん》にできるものではありません。競技日程《きょうぎにってい》、スキーなど自然界相手では、競技《きょうぎ》が延期《えんき》になることもあります。男子フィギュアの決勝が、たまたまその日におこなわれ、羽生選手が勝ったのですが、それは偶然《ぐうぜん》にも、まさに、文字どおり「千載一遇《せんざいいちぐう》」のチャンスをものにしたということになります。

よく「持っている男」などといわれますが、その言葉が、これほどピッタリくるエピソードもありません。

1000個《こ》目の金メダルは、歴史上のお話として長く記録に残ることになります。そして、もう一つ、羽生選手は、記憶《きおく》にも記録にも残る素晴《すば》らしい快挙《かいきょ》を成し遂《と》げました。それは、男子フィギュアスケートのオリンピック2連覇《れんぱ》の偉業《いぎょう》です。この競技《きょうぎ》で、最高峰《さいこうほう》のオリンピックで連続優勝《ゆうしょう》することは至難《しなん》の技《わざ》とされてきました。技術《ぎじゅつ》は日進月歩の勢《いきお》いで進んで行きます。若手《わかて》選手もどんどん台頭してきます。さらに、金メダルから次の金メダルへの4年間を、いかにモチベーションを切らさず保《たも》ち続けられるのかも問われます。これまでも、多くの選手たちが挑《いど》みながら、なかなか実現《じつげん》できずにいました。それを、羽生選手はやってのけました。実に、66年ぶりの快挙《かいきょ》でした。

ブラボー、ユヅル！

最も新しい記録は、今から66年も前にさかのぼります。アメリカのリチャード・バットン選手が、1948年サンモリッツ大会（スイス）、52年オスロ大会（ノルウェー）で連覇《れんぱ》を果たしています。バットン選手の最初の優勝《ゆうしょう》は18歳《さい》の時で、羽生選手は19歳《さい》の時で、ともに10代での世界制覇《せいは》でした。よく似《に》ています。バットンさんは、88歳《さい》の現在《げんざい》もアメリカに健在で、解説者として活躍《かつやく》しています。バットンさんは1929年生まれ、羽生選手は1994年生まれですから、その歳《とし》の差は65歳《さい》もあります。しかし、かつての王者は、新しい王者を我《わ》がことのように讃《たた》えました。平昌に足を運ぶことはありませんでしたが、テレビを通して見入ったといいます。ツイッターで、自らの言葉を流しました。

「ユヅル、私の記録に並《なら》んだね。おめでとう。素晴《すば》らしい。見事に音楽がスケートの支《ささ》えになり、スケートが音楽を支《ささ》えていた。振《ふ》り付けもよかった。素晴《すば》らしい劇場《げきじょう》だった」

長年保持《ほじ》していた記録を破《やぶ》られるのは、どこかに寂《さび》しさがつきまとうものだが、バットンさんは、そんな言葉は露《つゆ》ほども見せず、世界に向けて羽生選手を祝福《しゅくふく》したのです。それは、長年、仲間を待ち続けたような言葉からもわかります。

「ブラボー、ユヅル。私の記録に並《なら》んだね」

バットンさんは、平昌オリンピックを前に、よく羽生選手についてツイッターで「ガンバレ」のエールを送っていました。直接《ちょくせつ》戦ったわけではありませんが、傷《きず》ついた者を励《はげ》まし、勝者を讃《たた》えるスポーツマン精神《せいしん》を、バットンさんは忘れていなかったのです。羽生選手は2連覇《れんぱ》の後でいいました。

「バットンさんも、連覇《れんぱ》に向けて応援《おうえん》してくれた。3連覇《れんぱ》に挑《いど》むか、今はわからないが、このタイトルをうれしく思います」

しかし、66年ぶりの快挙《かいきょ》とはいえ、長い歴史を持つオリンピックには、上には上があるものです。この種目でのオリンピック連覇《れんぱ》は羽生選手で4人目です。歴史をひもとくと、3連覇《れんぱ》を果たした人がいて、これが最高になっています。スウェーデンのギリス・グラフストロームは、1928年サンモリッツ大会（スイス）で3連覇《れんぱ》を達成しました。その前の24年シャモニー大会（フランス）は理解《りかい》ができます。ただ、最初の金メダル獲得《かくとく》となったのは20年アントワープ大会（ベルギー）です。冬のオリンピックは、24年シャモニー大会が第1回とされていますから、おかしな話です。20年アントワープ大会は夏のオリンピックでした。実は、冬のオリンピックが正式スタートする以前に、夏季大会でフィギュアスケートが行われていたことがあり、20年アントワープもそうした大会でした。だから、グラフストローム選手の3連覇《れんぱ》は、ちょっと違《ちが》った形でなしとげられたものでした。90年前のお話です。

女子シングルでは、1936年大会までソニア・ヘニー（ノルウェー）が3連覇《れんぱ》の偉業《いぎょう》を達成していますが、彼女を指導《しどう》したのが、グラフストロームでした。

羽生選手が、4年後の北京冬季オリンピックに挑戦《ちょうせん》するのか、平昌オリンピックが終わったばかりの今は、まだわかりません。それは、羽生選手自身が決めることです。ただ、もし挑《いど》むのなら、94年ぶりのオリンピック3連覇《れんぱ》という、壮大《そうだい》なロマンが広がります。また、世界中の注目を集めることになるのは間違《まちが》いありません。

人一倍の努力をする天才

フィギュアスケート界66年ぶりのオリンピック２連覇《れんぱ》は、日本に歓喜《かんき》を届《とど》け、世界には驚《おどろ》きをもって伝えられました。お隣《となり》韓国の平昌が舞台《ぶたい》だったから、日本からも多くの人が駆《か》けつけ、観客席には日の丸が、いくつもいくつも揺《ゆ》れました。端正《たんせい》な顔立ち、優雅《ゆうが》なスケーティング、歯切れのいいジャンプは、間違《まちが》いなく日本の誇《ほこ》りです。インタビューや記者会見では、独特《どくとく》のいい回しもまじえて的確《てきかく》に答え、頭脳明晰《ずのうめいせき》ぶりも伝わってきます。23歳《さい》の若者《わかもの》は、４歳《さい》からはじめたフィギュアスケートとまっすぐに向き合い、並《なみ》の努力では果たし得ない、世界的な快挙《かいきょ》を演《えん》じました。

羽生選手を教えた阿部奈々美コーチは「彼は確《たし》かに天才です。ただ、人一倍の努力をする、それができるという意味でも天才です」と話したことがあります。失敗や苦難《くなん》、困難《こんなん》に出会うと、だれだって失望や絶望《ぜつぼう》、苦悩《くのう》、落ち込《こ》みを味わいます。しかし、そこで終わらないのが羽生選手です。反省や分析《ぶんせき》から自らに課題を課し、克服《こくふく》するための努力で必ず復活《ふっかつ》してきました。まるで不死鳥のようです。それができることをさして、阿部コーチは「天才」といったのです。

自分の行動には、自分で責任《せきにん》を持つという信念が見えます。生まれ持った精神《せいしん》的な強さもあるのでしょうが、この若者《わかもの》の一途《いちず》な姿勢《しせい》を育んだ家族の存在《そんざい》も大きかったのでしょう。スポーツや、ほかの世界でも、子どもが活躍《かつやく》すると、テレビや新聞などで、喜ぶ両親、兄弟など、家族の存在《そんざい》もクローズアップされます。しかし、羽生選手の家族が画面や紙面に登場することは、ほとんどありません。お母さんも、羽生選手の面倒《めんどう》を見るため、カナダと仙台を行ったり来たりの生活だそうです。お父さんとお姉さんは仙台に住んでいます。両親は「自主性《じしゅせい》を大事にし、息子が真剣《しんけん》に取り組むなら徹底的《てっていてき》にサポートする」という考えを持っているといわれています。その結果、素晴《すば》らしい結果が出ても「頑張《がんば》ったのは息子。親が出ることはない」という信念の持ち主だといわれます。

平昌オリンピックの後で、羽生選手はいいました。

「本当に大変だったから、家族やチーム、育ててくれたコーチや担任《たんにん》の先生、支《ささ》えてくれた方を含《ふく》め、いろんな思いがこみ上げてきました」

まっ先にあげたのは「家族」でした。

森に帰ったプーさん

平昌オリンピックの風景を覚えている人は多いでしょう。羽生選手が滑《すべ》り終わると、観客席から、花束《はなたば》にまじって、ぬいぐるみが次から次へとリンクに降《ふ》り注《そそ》ぎました。黄色いクマのプーさんです。羽生選手は、リンクサイドに持ち込《こ》むティッシュケースに、プーさんのカバーをあしらっています。「いやされる」というのがその理由で、プーさんは、厳《きび》しいトレーニングや激戦《げきせん》を続ける羽生選手にとって欠かせない「ともだち」になって来ました。このことが、またたく間にファンの間に広まりました。観客席には、プーさんの帽子《ぼうし》をかぶったファンも見られます。いまや、プーさんの投げ入れは、トライアルの後のセレモニーとして定着しています。

オリンピックにはルールがあって、選手は許可《きょか》されたもの以外は会場に持ち込《こ》めません。羽生選手も、この試合ばかりは、プーさんのティッシュケースは自粛《じしゅく》して持ち込《こ》みませんでした。

「ちょっとさびしいですが、部屋に置いてきました」

代わりに、ファンたちが数え切れないほどのプーさんをプレゼントしてくれたのでした。

帰国後、日本外国特派員協会《とくはいんきょうかい》の記者会見で、外国人記者が、

「あのたくさんのプーさんたちはどうしましたか？」

と質問《しつもん》しました。羽生選手は笑いながら、素晴《すば》らしい答えを返しました。

「森に帰りました」

会見場は、大きな笑いと拍手《はくしゅ》に包まれました。実際《じっさい》は、羽生選手が申し出て、リンクのプーさんを拾《ひろ》い集めた係の子どもたちや、大会のために頑張《がんば》ってくれた地元のボランティアたちへのプレゼントになっていました。

激《はげ》しさと柔和《にゅうわ》をともに持ち合わせた羽生選手です。政府《せいふ》からは国民栄誉《えいよ》賞の声があがりました。そして、愛してやまない生まれ故郷《こきょう》、仙台には、ソチオリンピックから4年、再《ふたた》び歓喜《かんき》のパレードが待っていました。

2

羽生結弦　誕生《たんじょう》

母の想い

羽生選手が、宮城県仙台市の北部にある泉区のベッドタウンに生まれたのは、1994年12月7日。お父さんは中学校の先生、お母さんは主婦《しゅふ》です。4歳《さい》上のお姉さんがいました。

羽生選手が生まれる少し前から、100万人都市を目指していた宮城県が、かつて水田や自然が広がっていた地域《ちいき》を開発、新興住宅地《しんこうじゅうたく》に生まれ変わらせた新しい町でした。仙台市の中心部に通うには便利な地域《ちいき》で、若《わか》い世代を中心に人気のあるこの町にはショッピングモールや文化施設《しせつ》が進出。羽生家から歩いて行けるところには、ショッピングモールに付随《ふずい》する形でスケートリンクがありました。

当時の名前は違《ちが》いますが、後に「アイスリンク仙台」となり、羽生選手の本拠地《ほんきょち》となりました。

1994年はどういう年だったのでしょうか。奇《く》しくも、リレハンメル（ノルウェー）冬季オリンピックがおこなわれ、ノルディック複合団体《ふくごうだんたい》で、日本チームが2連覇《れんぱ》を果たしています。

大相撲《おおずもう》では横綱《よこづな》貴ノ花が年6場所のうち4場所で優勝《ゆうしょう》。日本人初の女性《じょせい》宇宙《うちゅう》飛行士、向井千秋さんがスペースシャトルで宇宙《うちゅう》に旅立ち、帰還《きかん》したのもこの年。大江健三郎さんがノーベル文学賞を受賞したのも、この年でした。

さて、羽生選手と同じ年の生まれには、スポーツ界で特に有名人が多いことに気づきます。まっ先にあげるのは、同じ東北の岩手県で7月に生まれた大谷翔平選手です。

高校野球で活躍《かつやく》した後、プロ野球の日本ハムで、投手と打者の二刀流で有名になり、２０１８年からは米国メジャーリーグ、ロサンゼルス・エンゼルスに活躍《かつやく》の場を求めました。野球発祥《はっしょう》の地、アメリカでも、珍《めずら》しい二刀流が脚光《きゃっこう》をあびることになりました。

競泳《きょうえい》の萩野公介、瀬戸大也選手も同じ年の生まれです。２０１６年リオデジャネイロ・オリンピックの四百メートル個人《こじん》メドレーで、萩野が金、瀬戸選手が銅《どう》メダルを獲得《かくとく》しています。

２０１８年の平昌冬季オリンピックで、スピードスケートの千五百メートルに銀メダル、団体《だんたい》で競《きそ》うパシュート種目で金メダルを獲得《かくとく》した高木美帆選手も同じ年に生まれています。

同じフィギュア界では、２０１４年ソチオリンピックに出場した村上佳菜子さんも、そうです。

芸能界《げいのうかい》に興味《きょうみ》のある人なら、俳優《はいゆう》の山崎賢人、土屋太鳳さんらと同じ年といったらわかりやすいでしょうか。また、秋篠宮家の次女、佳子さまは、羽生選手と同じ12月に生まれています。

紹介《しょうかい》した人たち以外にも、多くの若者《わかもの》たちが活躍《かつやく》していて、これからの日本を、若《わか》い力で引っ張《ぱ》っていってくれそうな期待が十分に感じられる世代だといえます。

さて、仙台市で生まれた羽生選手ですが、スケートとの出会いはどのようなものだったのでしょうか。それは、4歳《さい》の幼稚園《ようちえん》のときでした。母親は、買い物圏内《けんない》にあるスケートリンクに、小学生だったお姉さんを通わせていました。子どものスケート教室があったからです。これについて行った羽生選手は、自然とスケートに出会うことになったのです。一方で、お母さんには、一つの思いがありました。

「ぜん息を治してあげたい」

いま、ハードな競技《きょうぎ》で世界一のスケーターとなり、日々、きついトレーニングに打ち込《こ》む羽生選手ですが、小さい頃《ころ》は、ぜん息の持病《じびょう》がありました。ぜん息は、空気の通り道である気管《きかん》や気管支《きかんし》が何らかの原因《げんいん》でせまくなり、呼吸《こきゅう》が苦しくなる病気です。発作《ほっさ》が起きると、呼吸《こきゅう》をするとき、「ゼーゼー、ヒューヒュー」などと音がします。くわしい原因《げんいん》は、現在《げんざい》もはっきりしていませんが、空気中にふくまれるほこりやごみも、ぜん息を引き起こす原因《げんいん》になると考えられています。

苦しむ子どもを見るのは、親としてもたまったものではありません。お母さんは、あまりほこりを吸《す》い込《こ》むことのない、室内のスケートリンクは、息子にとっていい遊び場所と考えたのでした。

両親がそんなことを考えているとは知らない羽生選手でしたが、もちまえの運動神経《しんけい》のよさで、どんどん上達していきました。お姉さんがジャンプやスピンの練習《れんしゅう》をすると、見よう見まねで自分もやるようになっていきます。「僕《ぼく》にだって、できないわけがない」

人一倍の負けん気から、転んでも起き上がり、何度もチャレンジしました。

小学校に上がる頃《ころ》には、リンクの関係者や子どもたちの間で、「スケートのうまい子」として、有名になっていました。学校が終わると、お姉さんとリンクに通う日々が続きました。

だけど、スケートだけが好きだったわけではありません。リンクにいる間は友だちと外遊びができません。野球だって好きでした。お父さんは、もともと野球をやっていて、おもしろそうでした。学校とリンクと家を行き来し、氷の上で過《す》ごす毎日です。リンクから逃《に》げ出したくなったこともありました。

「スケートをやめて、僕《ぼく》も野球をやりたい」

「そう？　じゃ、やめれば」

3年生のとき、両親との間に、そんな会話があったそうです。野球好きのお父さんの影響《えいきょう》もあったのでしょう。しかし、子どもも心にも、スケートに不思議な魅力《みりょく》を感じはじめていました。結局、羽生選手が選んだのはスケート。リンクからはなれることはありませんでした。

「もっと続けてみよう」

練習《れんしゅう》は大事だ！

「継続《けいぞく》は力」といいます。滑《すべ》り続けた羽生選手に、1年後、大きな道が開けました。4年生のとき、9歳《さい》から10歳《さい》の子どもで争う全日本大会に優勝《ゆうしょう》してしまったのです。

当時、羽生選手の髪形《かみがた》はおかっぱでした。きのこの「マッシュルーム」のような形です。スケート関係者のあいだでは「マッシュルームの天才」として、じわりじわりと知られるようになっていきました。少年が、この一風かわった髪形《かみがた》をしていたのには理由がありました。

当時、世界のトップに君臨《くんりん》していたのは、ロシアのエフゲニー・プルシェンコ選手でした。そして、このプルシェンコ選手の髪形《かみがた》が「マッシュルーム」だったのです。

フィギュアスケート一本に打ち込《こ》むようになっていた少年にとって、プルシェンコはあこがれの王者です。だから、髪形《かみがた》をマネしていました。

しかし、ほかの少年たちと違《ちが》うこの髪形《かみがた》は目を引き、自分をアピールするのにも役だったのでした。

まさに伸《の》び盛《ざか》りでした。しかし、そのころ、一時、ピンチが訪《おとず》れます。自宅《じたく》通っていたスケートリンクが、経営難《けいえいなん》から一時、閉鎖《へいさ》されたのです。自宅から歩いて行けるリンクではなく、時間をかけて別のリンクへ通わなければならなくなってしまったのです。

当然、練習《れんしゅう》時間も不足しがちになります。慣《な》れ親しんだリンクとは勝手も違《ちが》います。羽生選手は伸《の》び悩《なや》みを感じていました。しかし、普通《ふつう》の子どもと違《ちが》います。

「練習《れんしゅう》は大事だ」

日々のトレーニングがままならなくなって、トレーニングがいかに大事なものかをしっかりと胸《むね》にきざんだのです。そこから、貴重《きちょう》な練習《れんしゅう》時間を大事に使うようになります。

フィギュアへの思いがますます強くなっていく中、幸運にも、通い慣《な》れたリンクが、3年後の2007年に生まれ変わって再開《さいかい》されました。新しいリンクは希望を与《あた》えてくれます。羽生選手の成長がさらに勢《いきお》いを増《ま》していきました。

このシーズンには快挙《かいきょ》を成し遂《と》げました。13歳《さい》から18歳《さい》までの選手が出場する全日本ジュニア選手権《せんしゅけん》に、12歳《さい》の羽生選手は特別に出場が許《ゆる》されると、3位に入賞したのです。

それまで、ジュニアの下のノービスと呼《よ》ばれる12歳《さい》の少年が表彰台《ひょうしょうだい》に上ったことはありません。周囲は驚《おどろ》き、この快挙《かいきょ》をたたえました。羽生選手も、もちろんうれしかったに違《ちが》いありません。しかし、早くも、輝《かがや》く目で「その先」を見つめていたのでした。

「来年は、表彰台《ひょうしょうだい》の一番高いところに立ちたい」

フィギュアスケートのジャンプには、簡単《かんたん》なものから上級にいたるまで、全部で6種類があります。空中でおこなう回転数、踏《ふ》み切り足、着氷する足がどちらか、つま先で踏《ふ》み切るか、エッジと呼《よ》ばれる側面で踏《ふ》み切るかなどによって、難《むずか》しさも変わってきます。

当然、難《むずか》しくなるほど得点も高くなります。採点《さいてん》法も含《ふく》めて、細かい決まりがあるので、ここでは、基本《きほん》的なことを紹介《しょうかい》しておきます。ジャンプの種類は、一般《いっぱん》の人にはなかなか見分けがつきにくいものですが、テレビを含《ふく》めて、観戦するとき参考になるかもしれません。難《むずか》しい順にあげてみます。

① アクセル

② ルッツ

③ フリップ

④ ループ
⑤ サルコー
⑥ トウループ

それぞれに、回転数によって、たとえば3回転の場合「トリプルアクセル」「トリプルルッツ」「トリプルフリップ」「トリプルループ」「トリプルサルコー」「トリプルトウループ」などとよばれています。2回転の場合は「ダブルアクセル」などと「ダブル」が頭につきます。

アクセル、サルコー、ルッツは、はじめて跳《と》んだ人の名前から来ています。ループは輪、トウはつま先、フリップは反転の意味です。

アクセルが最も上に来ているのには理由があります。それは、このジャンプだけが前向きで踏《ふ》み切り、後ろ向きで着氷するため、回転数が半分多くなるという特徴《とくちょう》を持っているためです。

ほかの5種類のジャンプはすべて後ろ向きで踏《ふ》み切り、後ろ向きに着氷します。だから「トリプルアクセル」の場合、実際《じっさい》は3回転半ジャンプということになります。脚力《きゃくりょく》のある男子では、世界トップクラスの選手なら演技《えんぎ》に取り入れています。しかし、女子にとっては、まだまだ難《むずか》しいとされているジャンプで、これを完璧《かんぺき》にこなせる選手はごく少数です。

そんな中で、世界選手権《せんしゅけん》に3度優勝《ゆうしょう》し、2010年バンクーバーオリンピックで銀メダルに輝《かがや》いた浅田真央選手は「トリプルアクセルのマオ」として有名になりました。

ちなみに、アクセルは、はじめて跳《と》んだノルウェー人、アクセル・バウルゼンに由来しています。

年々、技術《ぎじゅつ》が向上し、男子の場合、世界トップクラスは4回転ジャンプが跳《と》べなければ戦えないといわれるほどの「4回転時代」に入っています。現在《げんざい》のフィギュア界で最高難度《なんど》とされている、このトリプルアクセルで得点を稼《かせ》ぐことが上位進出のキーポイントとなっているのです。もちろん、羽生選手はトリプルアクセルの名手として有名な存在《そんざい》です。

僕《ぼく》は絶対《ぜったい》に金メダリストになる

さて、話をもどしましょう。12歳《さい》で全日本ジュニア選手権《せんしゅけん》の3位表彰台《ひょうしょうだい》に立った羽生選手ですが、このころすでに、いくつかの3回転ジャンプを跳《と》べるようになっていました。好奇心《こうきしん》と向上心でチャレンジ精神《せいしん》がいっぱいの選手に育ちつつあったのです。むずかしいジャンプの成功は、自信へとつながっていきます。

次のシーズンは、13歳《さい》となり、晴れて正式なジュニア選手となりました。躍進《やくしん》が続きます。トレーニングはますます本格化《ほんかくか》して、ついに、一流の称号《しょうごう》であるトリプルアクセルに成功します。少し前の大会でも成功させていましたが、大きな大会でベールを脱《ぬ》いだのは、14歳《さい》を目前にした2008年11月、中学2年で出場した全日本ジュニア選手権《せんしゅけん》でした。この大会は、重要な意味を持っていました。

優勝者《ゆうしょうしゃ》1人が、翌年《よくねん》2月の世界ジュニア選手権《せんしゅけん》への切符《きっぷ》をつかみ取ることができるというもの。さらに翌月《よくげつ》に開かれるシニアの全日本選手権《せんしゅけん》への特別出場切符《きっぷ》もかかっていたのです。羽生選手は燃《も》えました。

しかし、初日のSPは、やる気が空転してしまいました。2つのジャンプを失敗、4位と出遅《おく》れてしまったのです。それでも、羽生選手は冷静《れいせい》でした。翌日《よくじつ》のFSでは見事な演技《えんぎ》を披露《ひろう》して逆転《ぎゃくてん》で優勝《ゆうしょう》をもぎとりました。13歳《さい》のジュニア「1年生」、上には18歳《さい》までのお兄さんたちがいました。それに臆《おく》することのない堂々の演技《えんぎ》でした。

「世界ジュニアも全日本も、挑戦者《ちょうせんしゃ》の気持ちで力を出し切りたい」

12月、14歳《さい》になったばかりで全日本選手権《せんしゅけん》にはじめて足を踏《ふ》み入れました。ジュニアの大会と違《ちが》って、会場の空気には違《ちが》うものがありました。リンクは、1998年長野オリンピックで使われたビッグハットです。2010年のバンクーバーオリンピックを前に、異常《いじょう》とも思えるほどの盛《も》り上がりを見せていました。

特に女子には、世界的な2人のスケーター、浅田真央、安藤美姫が出場するとあって、観客席は満員にふくれあがりました。男子では、これまた当時の日本を代表する織田信成や小塚崇彦らが出場し、人気が沸騰《ふっとう》していました。

国内大会ではあったけれど、羽生選手がはじめて体験する、国際《こくさい》大会にも匹敵《ひってき》するような超《ちょう》ビッグな大会となりました。

この大会での羽生選手の結果は8位でした。スポーツの世界では、オリンピックを含《ふく》め、ほとんどの大会、競技《きょうぎ》で8位までを入賞としています。だから、羽生選手の8位は立派《りっぱ》なものです。しかし、ここでまた、羽生選手の負けん気が頭をもたげます。

「日本には、オリンピックの金メダルは荒川静香さん（2006年トリノオリンピック）しかいません。僕《ぼく》が2人目の金メダリストになりたい」

14歳《さい》になりたての少年は、織田選手や小塚選手に群《むら》がる報道陣《ほうどうじん》を遠目に、自ら未来の金メダリスト宣言《せんげん》をしていたのです。その目は、はるか遠くのオリンピック金メダルに向けられていたのです。

3

ジュニアからシニアへ

もっと強くなりたい

全日本選手権《せんしゅけん》8位の後、挑《いど》んだのは、翌年《よくねん》2月におこなわれた世界ジュニア選手権《せんしゅけん》でした。羽生選手が、ついに、「世界」と名の付く大会にデビューしたのでした。しかし、まだ世界の壁《かべ》は厚《あつ》く、一流選手への入り口といわれるこの大会で、結果は12位でした。14歳《さい》は、大会最年少でした。

結果はともかく、羽生選手は世界へと旅だったのです。垣間《かいま》見た「世界」は大きくて奥《おく》が深い、そのことが新たなモチベーションとなりました。練《れん》習《しゅう》に拍車《はくしゃ》がかかることになります。

「すごく悔《くや》しかった。強くなりたい」

羽生選手には、子どものころから、一度落ち込《こ》んでも、次には前を向く姿勢《しせい》があります。トレーニングに没頭《ぼっとう》する日々が続きました。

練習《れんしゅう》はうそをつきません。新たなシーズンがはじまると、大活躍《だいかつやく》する羽生選手の姿《すがた》がありました。全日本ジュニア選手権《せんしゅけん》で、前年に続く2連覇《れんぱ》を果たして、再《ふたた》び世界ジュニア選手権《せんしゅけん》への切符《きっぷ》をつかみました。12位に終わった前の年のリベンジを果たす舞台《ぶたい》へと駒《こま》を進めることになりました。

その晴れの舞台《ぶたい》は、翌《よく》10年3月のオランダでした。15歳《さい》と3か月で中学卒業を間近にした大会です。羽生選手は技術《ぎじゅつ》も精神面《せいしんめん》も格段《かくだん》の進歩を遂《と》げていました。スケートの母国と呼《よ》ばれるオランダで、見事な優勝《ゆうしょう》を果たしたのです。

世界ジュニア王者を最後に、羽生選手は地元仙台の東北高校に進みました。スケートの世界でも、ジュニアを卒業して、いよいよ世界のトップを目指して、シニアの世界へと足を踏《ふ》み入れました。あこがれていた年上の選手たちがライバルとなり、頂点《ちょうてん》を競《きそ》う世界へと舞台《ぶたい》は変わりました。

その初戦は、2010年10月のNHK杯《はい》でした。海外選手、日本の第一人者で人気のあった高橋大輔選手らにまじっての戦いは、SPを5位発進とまずまずのもの。続くFSで、どこまで伸《の》ばせるか、本人も周囲も期待を持っていました。確《たし》かに、堂々の滑《すべ》り出しでした。最初のジャンプは、公式戦では、自身はじめてとなる「4回転」トウループをピタリと決めてみせたのでした。

しかし、はじめの元気はだんだん薄《うす》れ、後半は息切れしてミスが出てしまいました。シニアの世界で戦うだけの体力、後半の集中力がまだ足りないことをさとった大会になりました。それでも、SPから1つ順位を上げて総合《そうごう》4位。表彰台《ひょうしょうだい》の一歩手前の好成績《こうせいせき》を残したのです。希望と悔《くや》しさがまじった順位です。

「シニアでも戦える」

そう感じつつも、足りないのは体力、最後まで滑《すべ》りきるスタミナであることははっきりしました。そこで、筋力《きんりょく》トレーニングが取り入れられるようになりました。それは、世界への階段《かいだん》を着実にのぼっていくために必要なことでした。

シニア第2戦は、翌《よく》11月に、モスクワでおこなわれたロシア杯《はい》でした。NHK杯《はい》でまずまずの手応《てごた》えを感じて臨《のぞ》んだはずの大会でしたが、ミスがポロッ、ポロッと出て、終わってみたら7位。

「悔《くや》しいけれど、逆《ぎゃく》に、僕《ぼく》はもっと強くなれるんだと思うとうれしい」

複雑《ふくざつ》だけど、敗れても前を向く負けん気が、ここでも顔をのぞかせました。

そして何より、ここで強く思ったことがあります。

「このロシアで3年後にソチオリンピックがある。僕《ぼく》もかならず来ます」

シニアに参戦して1年目、シーズンの締《し》めくくりは、11年2月に台北でおこなわれた四大陸選手権《せんしゅけん》でした。16歳《さい》になった羽生選手には、技術《ぎじゅつ》の成長とともに、ジュニア時代とは違《ちが》う落ち着きも生まれつつありました。そしてその先には銀メダルが待っていました。夢《ゆめ》が広がります。

「3年後のソチオリンピックに出場して、オリンピックの空気を感じながら思い切り滑《すべ》りたい。そして、18年の平昌オリンピックでは金メダルを目指したい」

躍進《やくしん》の手ごたえを感じ取ったシニア1年目は、こうして過《す》ぎていきました。

それから、わずか1か月後に、あの悪夢《あくむ》、3・11東日本大震災《だいしんさい》に襲《おそ》われるとは、羽生選手ばかりか、だれも予想していませんでした。本拠地《ほんきょち》リンクの破損《はそん》、避難所《ひなんじょ》生活、横浜での練習《れんしゅう》、各地を転々とするアイスショーへの参加など、16歳《さい》の少年は、心と体に重荷を背負《せお》って生きていかなければなりませんでした。

東日本大震災《だいしんさい》

2011（平成23）年3月11日、金曜日、午後2時46分。春まだ浅い、東北の地が揺《ゆ》れました。これまで、日本人が経験《けいけん》したことのないような、とてつもなく大きな揺《ゆ》れでした。マグニチュード9・0という、日本周辺では観測《かんそく》史上《しじょう》最大の大地震《だいじしん》、東日本大震災《だいしんさい》の発生でした。この地震《じしん》にともなう大きな津波《つなみ》も起きて、多くの人命、財産《ざいさん》が奪《うば》われました。死者・行方不明者は1万8500人近くにおよび、建物の全半壊《ぜんはんかい》は40万戸以上という、想像《そうぞう》もできないほどの被害《ひがい》が出ました。

中でも、最も犠牲者《ぎせいしゃ》が多かったのが宮城県です。死者は9500人以上、いまだに1200人以上の人たちが行方不明となっています。東北の中心都市、宮城県仙台市の揺《ゆ》れもかなりのものでした。

「僕《ぼく》は氷の上にいました。スケートリンクの氷が波打つほどに大きく揺《ゆ》れて、立っているのが精一杯《せいいっぱい》でした」と、羽生結弦選手は振《ふ》り返ります。当時、羽生選手は16歳《さい》。仙台市にある東北高校の1年生でした。3学期の期末試験も終わり、解放気分の中、午後からアイスリンク仙台での練習《れんしゅう》にやって来ていたのです。練習《れんしゅう》といっても、一般《いっぱん》の人たちも滑《すべ》る時間帯で、羽生選手やインストラクターのほか、10人ほどの人たちが思い思いにスケートを楽しんでいました。ゆったりした時間が流れる中、大地震《だいじしん》に見舞《みま》われたのです。

「しばらく揺《ゆ》れが続いて、それがやっと収《おさ》まりかけるのを待って、みんなで外に出ました。だけど、スケート靴《ぐつ》は履《は》いたままでした。ブレード（刃《は》）を守るエッジカバーを付ける余裕《よゆう》もありませんでした」

その頃《ころ》、4歳《さい》上のお姉さんは、このスケートリンクでアルバイトをしていました。その日は、地震《じしん》が発生する前に仕事を終え、自宅《じたく》に歩いて帰る途中《とちゅう》でした。しかし、激《はげ》しい揺《ゆ》れに驚《おどろ》くと、再《ふたた》びリンクへと急ぎました。愛する弟の無事を確認《かくにん》すると、今度は自宅《じたく》へと走りました。お母さんも無事でした。二人でリンクにやって来て、羽生選手と合流したのです。学校の先生を務《つと》めるお父さんの無事も確認《かくにん》できました。

しかし、何しろ、現代《げんだい》の日本人がだれも体験したことがないような大地《だいじ》震《しん》です。日本は東北を中心に大きな困難《こんなん》に直面しました。羽生選手も例外ではありません。その日から、これまでとはまったく違《ちが》う日々がはじまったのです。

避難者《ひなんしゃ》は、ピーク時には40万人以上に達しました。羽生ファミリーも例外ではありませんでした。住んでいた団地《だんち》の建物の倒壊《とうかい》はまぬがれましたが、停電《ていでん》、断水《だんすい》、ガス管の破損《はそん》などでライフラインが断《た》たれ、元の生活は無理でした。近くの小学校の体育館が避難所《ひなんじょ》になりました。そこで、家族4人が肩《かた》を寄《よ》せ合い、電気が復旧《ふっきゅう》するまでの4日間、避難所《ひなんじょ》生活を経験しました。

「水や食料が届《とど》けられて、多くの人たちに支《ささ》えられていると実感しました」と後にその時の気持ちを語っています。

しかし、壊滅的《かいめつてき》な被害《ひがい》を受けた故郷《こきょう》の惨状《さんじょう》は大変なものでした。本拠地《ほんきょち》にしていたアイスリンク仙台も大きな被害《ひがい》を受け、滑《すべ》るどころの騒《さわ》ぎではありませんでした。氷が溶《と》け、配管《はいかん》が破損《はそん》したリンクは水浸《みずびた》し、設備《せつび》も多くが壊《こわ》れて危険《きけん》な状態《じょうたい》で、立ち入り禁止《きんし》となりました。このリンクは、一年中滑《すべ》ることのできる東北有数のリンクです。いまでこそ、立派《りっぱ》に復旧《ふっきゅう》していますが、当時、世界への道を歩きはじめたばかりの羽生選手にとっては大きな痛手《いたで》となりました。

家族がつないでくれた夢《ゆめ》

しかし、それよりも大きな心の痛手《いたで》もありました。震災《しんさい》に遭《あ》われた人たちの生活が大きな問題の時、スケートを続けることへの思いなど、簡単《かんたん》に口にする状況《じょうきょう》ではなかったのです。

だが、家族は違《ちが》いました。両親は、世界の入り口に立ったばかりの息子の夢《ゆめ》をつなぐことを選んでくれました。お姉さんも、実はフィギュアスケートの選手でしたが、自分のことより、弟の夢《ゆめ》を大事にしてくれました。お母さんは、震災《しんさい》直後から、方々の「つて」を頼《たよ》って、息子の練習場《れんしゅうじょう》所をさがしました。東日本大震災《だいしんさい》と呼《よ》ばれるだけあって、近県を含《ふく》め、リンクは多かれ少なかれ被害《ひがい》をこうむっていました。そんな中、やっと見つけたのが、横浜市にある神奈川スケートリンクでした。子どものころ、仙台で教わった都築章一郎さんが、当時は横浜に移《うつ》ってコーチになっていたのです。一時的ならと、気持ちよく受け入れてくれることになりました。

震災《しんさい》からわずか10日後、まだ交通網《こうつうもう》も完全ではなかった中、お母さんと羽生選手は高速バスに乗り込《こ》みました。「もう、このままスケートはあきらめなければ」という思いもあった少年を乗せたバスの車窓《しゃそう》からは、見るも無惨《むざん》に破壊《はかい》された故郷《こきょう》の景色が通り過《す》ぎて行きました。不安と希望を乗せたバスでした。

避難《ひなん》の時ボロボロになったシューズは、新しいものに履《は》きかえました。

10日間におよぶブランクは、意外にも速く克服《こくふく》できました。伸《の》び盛《ざか》りの少年とは、そういうものなのでしょう。心には「自分だけ滑《すべ》れる」ことへの葛藤《かっとう》は残っていましたが、4歳《さい》から慣《な》れ親しんだ氷の感触《かんしょく》は、スケートシューズのブレードから伝わって来ました。家族に、そして支《ささ》えてくれる人たちに、感謝《かんしゃ》の気持ちもわいて来たのでした。

苦難《くなん》と喜びを同居《どうきょ》させた生活は、まだまだ続きます。横浜での練習《れんしゅう》を一時切り上げると、故郷《こきょう》に戻《もど》って、4月1日からは、仙台のリンクで教わる阿部奈々美コーチのもと、再開《さいかい》した青森県八戸市のリンクで合宿。これを終えると再《ふたた》び横浜。さらに、14日の東北高校の始業式に出るために仙台へ……。リンクを転々とする生活が続きました。それも、昼間は一般《いっぱん》の人の利用時間のため、練習《れんしゅう》は、朝と夜に時間をとってもらうことが多かったのです。慣《な》れない土地での生活の気苦労もありました。「練習《れんしゅう》以外の時間、

羽生君はホテルの部屋にこもっていることが多かったような記憶《きおく》がありま
す」と、当時の関係者は話しています。

夢《ゆめ》はあきらめない

一度は「スケートはもう無理かも知れない」と悩《なや》み、不自由な環境《かんきょう》で
も、必死になって「自分のできること」を考えて、氷に立ち続けた羽生選
手でした。
夢《ゆめ》をあきらめない若者《わかもの》の姿《すがた》が、そこにはありました。２０１１年～12年
冬におこなわれるシーズンの目標を、世界選手権《せんしゅけん》出場とグランプリ（G
P）ファイナル進出の２大大会に定めたのでした。６試合がおこなわれる
グランプリ（GP）シリーズのうち、２つの試合を合わせて上位（６位

内）を確保《かくほ》することがGPファイナル出場の必要条件《じょうけん》です。

「GPファイナルと世界選手権《せんしゅけん》、2つの大会に出なければ、3年後のソチ五輪も見えてこない」大震災《だいしんさい》を乗り越《こ》えつつあった羽生選手には、そんな強い思いがありました。

最初に挑《いど》んだのは、11月に上海でおこなわれた中国杯《はい》でした。自身はじめて4回転ジャンプを組み込《こ》んだSPで2位発進すると、勢《いきお》いでFSに臨《のぞ》み見ました。しかし、転倒《てんとう》もあって総合《そうごう》4位。

GPシリーズの総合《そうごう》6位を確保《かくほ》するためには、残されたロシア杯《はい》での優《ゆう》勝《しょう》が望まれる状況《じょうきょう》になりました。

そんな中でも、転んでもただで起き上がるような羽生選手ではありません。

逆境《ぎゃっきょう》からはい上がる強さを、人一倍持っているのが羽生選手の武器です。中国杯《はい》のあと、最初は落ち込《こ》みもありましたが、敗因《はいいん》を冷静《れいせい》に分析《ぶんせき》してロシア杯《はい》に臨《のぞ》みました。

そのロシア杯《はい》で、羽生選手の集中力は、最初から最後まで途切《とぎ》れることはありませんでした。SPで2位、FSでも2位ながら、終わってみたら、最後は2位のハビエル・フェルナンデス選手をわずか0・03点上回って優勝《ゆうしょう》を遂《と》げたのです。ビッグな国際《こくさい》大会での記念すべき初優勝《はつゆうしょう》になりました。そして何より、この優勝《ゆうしょう》で、念願《ねんがん》のGPファイナル出場に「滑《すべ》り込《こ》みセーフ」を果たしたのです。

「優勝《ゆうしょう》どころか、GPシリーズの表彰台《ひょうしょうだい》もはじめて。うれしいです。最後まで集中を切らさず滑《すべ》りきるのが、どんなに大事なことかわかりました」

歓喜《かんき》の金メダルは、まず、リンクサイドの阿部奈々美コーチの首に掛《か》けられ、引き揚《あ》げたホテルでは母親の胸《むね》に輝《かがや》いたのでした。

から」

「僕《ぼく》一人のメダルではない。多くの人たちに支《ささ》えられてとったメダルです

2年後のソチオリンピックへとつながる大会と位置付けていたGPファイナルは、カナダで開催《かいさい》されました。12月10日のSPでスタートしましたが、羽生選手は12月7日で、17歳《さい》になったばかりでした。国際舞台《こくさいぶたい》での知名度は上がりつつありましたが、GPファイナル初出場の最年少です。戦う5人はそうそうたる顔ぶれでした。

2010年世界選手権《せんしゅけん》王者で日本のエース高橋大輔、後にソチや平昌のオリンピックでライバルになる、カナダのパトリック・チャン、米国のジェレミー・アボット、スペインのフェルナンデス、チェコのミハル・ブレジナです。

しかし、考えようによっては、ここで勝ったら一気に、挑戦者《ちょうせんしゃ》から王者

へと上ることができます。世界の6人に選ばれた羽生選手にも、チャンスがないとはいい切れません。

だが、結果は4位。ギリギリ6番目で滑《すべ》り込《こ》んだのですから、はじめてのファイナル大会の成績《せいせき》にしては決して悪いものではありません。戦いを終えた羽生選手にも、ある程度《ていど》の満足感はありました。しかし、それは、しばらく後に悔《くや》しさへと変わります。あと一つ順位を上げられたら、3位の表彰台《ひょうしょうだい》が待っていたのです。

高橋選手は、SP5位と出遅《でおく》れながら、FSで見事な演技《えんぎ》で追い上げ、終わってみたら銀メダルに輝《かがや》いていました。高橋選手には、ミスを挽回《ばんかい》し、最後まで集中を切らさない強みがありました。フィギュアスケートは、ジャンプの出来不出来だけで採点《さいてん》されるものではありません。振《ふ》り付けや、流れる曲といかに調和のとれたものかなどの演技構成点《えんぎこうせいてん》も大きく影《えい》響《きょう》します。

この大会、羽生の技術点《ぎじゅつてん》は6人中2位と素晴《すば》らしいものがありましたが、表現《ひょうげん》の上で遅《おく》れをとったのでした。

技術《ぎじゅつ》も、演《えん》じるということも、見る人にいかに感動を与《あた》えられるかがフィギュアスケートです。表現力《ひょうげんりょく》をいかに磨《みが》くかを学んだ大会になったのです。帰国後、ジャンプに加えて表現《ひょうげん》を磨《みが》く練習《れんしゅう》がはじまったのでした。

エース高橋には敗れたが、背中《せなか》ははっきりととらえ、追いつき、追い越《こ》せの気持ちが一気に高まった大会にもなったのです。

僕《ぼく》の方が元気や勇気をもらっている

GPファイナルと並《なら》んで掲《かか》げた目標は、はじめての世界選手権《せんしゅけん》出場です。日本のレベルは高く、ミスが出た羽生選手は、高橋、小塚選手に続いて3位となりましたが、世界選手権《せんしゅけん》への最後の一枚《まい》の切符《きっぷ》をつかみました。ここでも、ギリギリの出場権《しゅつじょうけん》でした。しかし、それも、反骨《はんこつ》の人にとっては、巻《ま》き返しの舞台《ぶたい》に変わります。12年3月、世界選手権《せんしゅけん》は、フランスのニースでおこなわれました。そのシーズンの世界王者を決める最高の舞台《ぶたい》です。初出場の羽生選手は、ここでも少し、地に足が、いや、氷に足が着かないようなSPで7位発進と出遅《でおく》れてしまいます。はじめての世界選手権《せんしゅけん》で、自分を見失う部分もあったのでしょうか。しかし、翌日《よくじつ》の羽生選手は見違《ちが》えるような素晴《すば》らしい演技《えんぎ》を見せました。

「巻《ま》き返して、少しでも上を目指そう。5位以内なら、エキシビションに選ばれる。そこで『白鳥』を演《えん》じたい」

大会のフィナーレは、男女の優秀《ゆうしゅう》選手が選ばれ、勝負を離《はな》れて華《はな》やかな

ショーの場となります。最高の舞台《ぶたい》のエキシビションは、世界中のフィギュアファンが待ちこがれるほどの人気を誇《ほこ》るのです。羽生選手は、SPで出遅《おく》れた夜、この最高の舞台《ぶたい》から、被災地《ひさいち》へ、日本へ感謝《かんしゃ》を伝えようと気持ちを切りかえたのでした。

羽生結弦は、知名度が上がるにつれ、「被災地《ひさいち》からやって来たハニュウ・ユヅル」となっていきました。国内はもとより、海外に遠征《えんせい》するたびに被災地《ひさいち》への思いを聞かれます。心の中では、「僕《ぼく》は被災地《ひさいち》ではなく、日本の代表として勝負する」と、決めてはいましたが、いざ質問《しつもん》攻《ぜ》めにあうと、「僕《ぼく》の演技《えんぎ》で、被災地《ひさいち》や日本が少しでも元気になってもらえれば」などと、答える場面が多くありました。

しかし、SP7位の後で、ここまでの1年を振《ふ》り返ってたどりついた結《けつ》論《ろん》がありました。

「僕《ぼく》が、被災地《ひさいち》や日本に元気や勇気を届《とど》けるのではない。逆《ぎゃく》なんだ。みんなの応援《おうえん》や励《はげ》ましが僕《ぼく》を支《ささ》えてくれている」

前日とはうって変わったようなFSの演技《えんぎ》でした。力強くはつらつ、それでいて流れるようになめらかなスケーティングが会場を魅了《みりょう》します。

「やり切った！」

観客は立ち上がり、歓声《かんせい》と拍手《はくしゅ》がなりやみません。目の肥《こ》えたファンにもしっかりとアピールする内容《ないよう》でした。右手を天に突《つ》き上げた羽生選手の目には涙《なみだ》が光っていました。SP7位からの大逆転《だいぎゃくてん》で、羽生選手は3位の表彰台《ひょうしょうだい》に上がり、銅《どう》メダルに輝《かがや》いたのです。優勝《ゆうしょう》はパトリック・チャン選手、2位は高橋大輔選手でした。17歳《さい》で、世界のビッグ3（スリー）への仲間入りを果たしたのです。

「被災地《ひさいち》のために、復興《ふっこう》に頑張《がんば》る人たちのために滑《すべ》ろうと思うのは間違《まちが》いのでした。逆《ぎゃく》に、頑張《がんば》る人たちに僕《ぼく》は支《ささ》えられていました。元気を届《とど》けるのではなく、逆《ぎゃく》に僕《ぼく》が元気をいただいている。多くのそんな人たちの思いを受け止め、しっかり演技《えんぎ》するのが僕《ぼく》の一番の恩返《おんがえ》しと気づいたのです。やっと、僕《ぼく》も震災《しんさい》を乗り越《こ》えられたような気がします」

東日本大震災《だいしんさい》から1年あまり、17歳《さい》の少年は心の葛藤《かっとう》とも戦いながら、ついに世界のハニュウ・ユヅルになりました。過酷《かこく》な1年は、彼にとって長かったのか短かったのか。ただひとついえるのは、羽生結弦という少年を、スケーターとしても、人間としても大きく成長させた1年であったということです。

4

カナダ・トロント

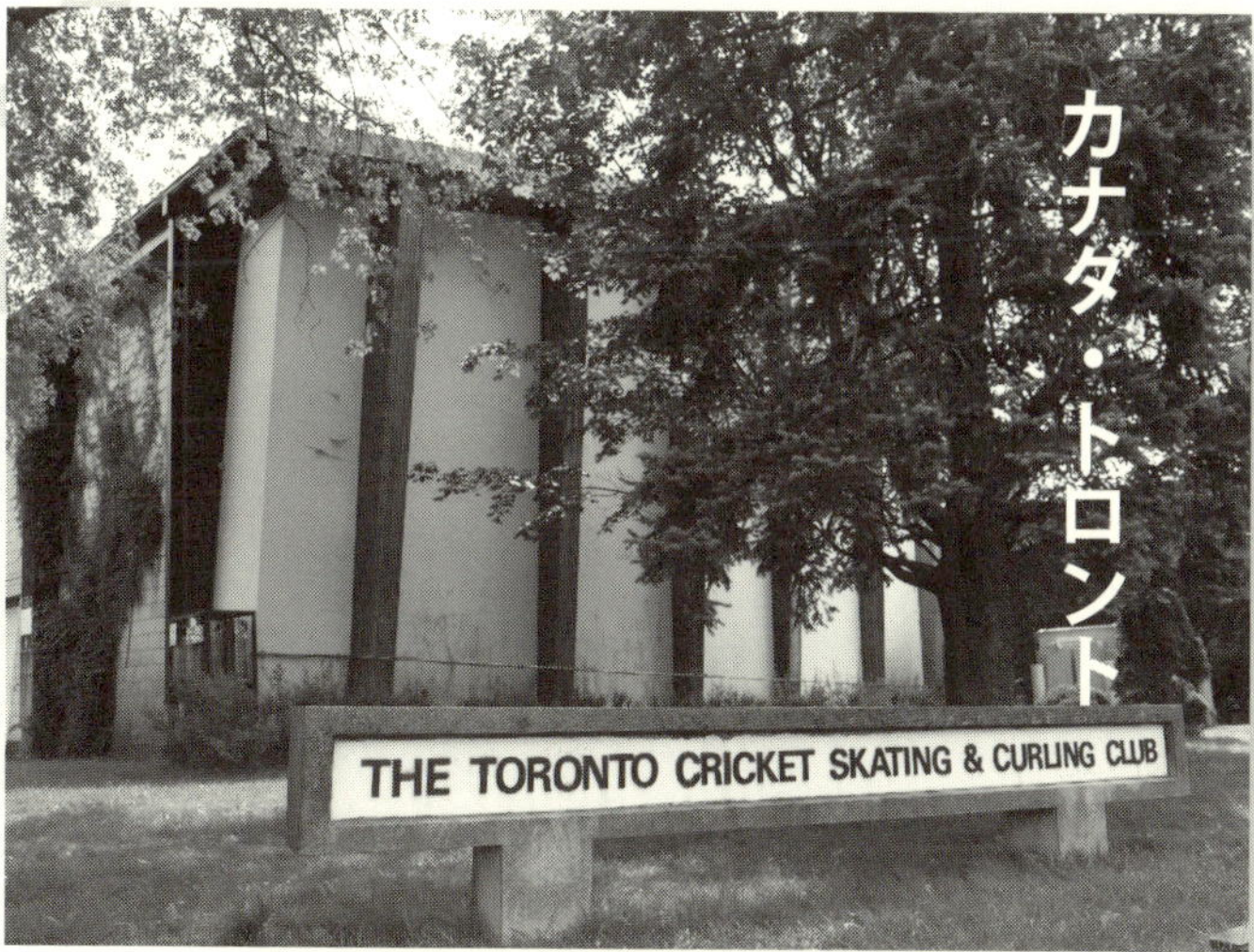

カナダに練習拠点《れんしゅうきょてん》を移《うつ》す決断《けつだん》

世界のビッグ3にまで上ると、羽生選手は、大きな決断《けつだん》をします。ウインタースポーツの盛《さか》んな北米、カナダに練習《れんしゅう》の拠点《きょてん》を移《うつ》すことでした。

生まれて育った仙台は、大好きです。

「仙台、いや日本でトレーニングしても世界の舞台《ぶたい》に立つことができた」

という思いはありました。一方で、17歳《さい》にして、世界を見、すぐそこにあるかも知れない頂点《ちょうてん》は魅力《みりょく》でもあります。3月の世界選手権《せんしゅけん》から仙台に帰ると、背中《せなか》を押《お》す人がいました。わが子のように育ててくれた阿部奈々美コーチです。

「これからは、外国の先生に見てもらったりして、海外にももっと目を向けなければ」

と、声をかけたのです。本格的《ほんかくてき》に外国でトレーニングするという発想は、当時の羽生選手にはなかったといいます。それでも、いつしか、心を動かされるようになっていました。

「せっかく世界3位まで来たんだ。僕《ぼく》はもっと強くなりたい。そのためには、一度仙台を離《はな》れてみるのもいいのかも知れない」

あとは、行動あるのみでした。いくつかの候補《こうほ》の中から、選んだのはカナダのトロントでした。決め手になったのは、世界的なコーチ、ブライアン・オーサーさんがいるということでした。オーサーさんは、かつて、自らもフィギュアスケート界で活躍《かつやく》し、有名な「トロント・クリケット・スケーティング&カーリングクラブ」を率《ひき》いています。このクラブには、カナダ国内ばかりでなく各国から有能《ゆうのう》な選手がやって来て、世界の舞台《ぶたい》へとはばたいていきます。浅田真央さんの最大ライバルとして、日本でも有名な韓国のキム・ヨナ選手も、ここで学びました。彼女は2010年バンクーバーオリンピックで金メダリストになっています。

それよりも、羽生選手の心を動かしたのは、年上のライバル、ハビエル・フェルナンデス選手の存在《そんざい》でした。彼もまた、スペインからカナダへわたり、オーサーコーチのもとでトレーニングをしているのです。これまでの国際《こくさい》試合で、羽生選手はフェルナンデス選手のジャンプの切れ味、すごさを何度も目にしてきました。実際《じっさい》に、オーサー同門となった後でも、世界選手権《せんしゅけん》では、13年に銅《どう》メダル、14年にも銅《どう》メダル（この時、羽生選手が金メダル）、15、16年には金メダリストとなり、この2年は銀メダルの羽生選手を破《やぶ》っています。結果から先にいうと、羽生選手が2連覇《れんぱ》した平昌オリンピックでは、銅《どう》メダルを獲得《かくとく》しました。

強烈《きょうれつ》なライバルの存在《そんざい》は、どんなものでしょう。2通りあるのではないでしょうか。できることなら、気になって落ち着かないから、一緒《いっしょ》に練習《れんしゅう》するのは避《さ》けたい。もう一つは、お互《たが》いに切磋琢磨《せっさたくま》して、ともに高いところを目指そうというものです。羽生選手が選んだのは後者でした。

「ハビエル選手の4回転ジャンプの素晴《すば》らしさを、いつも間近に見られたら大きな刺激《しげき》を受けられる。僕《ぼく》が強くなるためにはいいことだ」

どこまでも前向きな羽生選手です。せっかく海外にトレーニングの場を求めるなら、ライバルとの「しのぎの削《けず》りあい」も望むところ、の気合が伝わってきます。実際《じっさい》は、フェルナンデス選手の性格《せいかく》は温厚《おんこう》で、ライバルでありながら、すぐにうち解《と》け、親しい仲間になりました。

トロントは人口およそ260万人、カナダ最大の都市で、安全で清潔《せいけつ》な町として知られています。羽生選手が、母親とともにやって来たのは、

2012年夏のことでした。トロントを本拠地《ほんきょち》、仙台を準本拠地《じゅんほんきょち》とし、行ったり来たりの生活がはじまりました。

海外での生活は新鮮《しんせん》でした。そしてまた、オーサーコーチ率《ひき》いるクラブでのトレーニングも、新鮮《しんせん》なものでした。世界3位の羽生選手に、オーサーコーチが、まず与《あた》えたのはスケートの基礎的《きそてき》な滑《すべ》りだったといいます。スポーツはまず基本《きほん》から、とよくいいますが、まさにその通りのスタートです。フィギュアスケートは、技術《ぎじゅつ》もさることながら、美しさを競《きそ》う競技《きょうぎ》でもあります。なめらかな滑《すべ》りは絶対条件《ぜったいじょうけん》なのです。のびのびと滑《すべ》る羽生選手の姿《すがた》がありました。

クラブは世界有数といわれるだけあって、人も設備《せつび》も充実《じゅうじつ》しています。フィギュア部門には、それぞれ、スケーティング、ジャンプ、表現力《ひょうげんりょく》などを教える専門《せんもん》のプロコーチでなりたっています。トップ選手は、こういっ

たサポートが付くのが珍《めずら》しくなくなっていますが、このクラブはそれぞれのジャンルに超《ちょう》一流のコーチが配置されているのです。彼らは、選手個々《ここ》の個性《こせい》や長所を見つけ出し、それぞれの選手に見合ったトレーニングを課《か》していきます。

最初あわただしかった生活にも、落ち着きが訪《おとず》れ、羽生選手は着々と進歩していきました。

悔《くや》しさが生んだ新たな闘志《とうし》

カナダに拠点《きょてん》を移《うつ》してから、最初の試合になったのは、その年の10月、フィンランディア杯《はい》でした。これは、本格的《ほんかくてき》なシーズン前の、いわば「足慣《な》らし」の大会でしたが、オーサーコーチのもと、綿密《めんみつ》に練《ね》り上げられた

SP、FSで、羽生選手は優勝《ゆうしょう》しました。FSでは、はじめて2種類、4回転トウループ、4回転サルコージャンプを取り入れ、いずれも成功させたのです。

そして、本格的《ほんかくてき》なGPシーズン。まずは、アメリカでも大人気を誇《ほこ》るスケート・アメリカが、その舞台《ぶたい》となりました。そこには、生まれ変わったような羽生選手がいました。初日のSPで、いきなり世界最高記録となる95・07点をマークしたのです。鋭《するど》いジャンプに加え、美しさがきわだったのは、それまで不得意とされていた表現力《ひょうげんりょく》で、演技構成点《えんぎこうせいてん》が大きな伸《の》びを見せていました。しかし、FSでは転倒《てんとう》やミスが出て、総合《そうごう》では2位に終わってしまいました。

試合には敗れましたが、GPシリーズ初戦の銀メダル発進は悪くありません。敗れても収穫《しゅうかく》はありました。

「負けても、その中から何か得られたらいい。ソチオリンピックのためには、負けも経験《けいけん》になると思います」

ここでも、前を向く羽生選手がいました。

SPでの世界最高をひっさげて、羽生選手は11月下旬《げじゅん》におこなわれたNHK杯《はい》のために帰国しました。NHK杯《はい》は、GPシリーズに組み込《こ》まれている伝統《でんとう》の大会です。この年は、大震災《だいしんさい》の復興《ふっこう》プロジェクトの一環《いっかん》に組み込《こ》まれ、宮城県利府町での開催《かいさい》でした。利府町は、仙台市のすぐお隣《となり》、羽生選手にとって里帰りみたいなものでした。広い体育館は、震災時《しんさいじ》には犠《ぎ》牲者《せいしゃ》の遺体安置所《いたいあんちじょ》にも使われていました。テレビなどの画像《がぞう》で、見たことがある人もいるでしょう。つらかったあの日から、2年足らずで開催《かいさい》されたフィギュアスケートの国際《こくさい》大会となりました。多くの観客が会場を埋《う》めました。ふるさとを愛する羽生選手にとって、特別な思いのある大会となったのはいうまでもありません。

羽生選手は思いきり攻《せ》めました。いきなり、SPで95・32点をマークして、前月出したばかりの自己《じこ》の世界記録をあっさりと書きかえたのです。点数がアナウンスされると、大きな拍手《はくしゅ》がわき起こり、それにこたえて、羽生選手は笑顔で手を振《ふ》りました。

「スケート・アメリカに続いて、故郷《こきょう》で世界記録を書きかえられたのがうれしい」

翌日《よくじつ》のFSでは、終盤《しゅうばん》に転倒《てんとう》などのミスが出ましたが、SPの「貯金《ちょきん》」もあり、261・03点の自己《じこ》記録で逃《に》げ切り優勝《ゆうしょう》を決めました。実は、この優勝《ゆうしょう》には大きな意味がありました。日本のエースとして君臨《くんりん》していたジュニア時代から、あこがれの存在《そんざい》でもあった高橋大輔選手を、はじめて破《やぶ》った大会になったからです。背中《せなか》を追いかけ、いつかは破《やぶ》ってみせるというのが、羽生選手の1つの目標であり、モチベーションにもなっていました。

高橋選手は、国内外で高い人気を誇《ほこ》り、2010年世界選手権《せんしゅけん》王者に輝《かがや》いた人です。「地元の大きな声援《せいえん》が力になりました。成長している姿《すがた》を見せられてうれしかった」

この優勝《ゆうしょう》で、早くもGPファイナルへの出場が確定《かくてい》しました。前年、ギリギリ6番目の選手として駒《こま》を進めたのとは、大きな違《ちが》いです。確実《かくじつ》な進歩の証《あか》しでした。

しかし、満を持して臨《のぞ》んだ、そのGPファイナルで、今度は高橋選手に敗れてしまいます。これにも、大きな意味がありました。まず、開催《かいさい》場所が、ロシアのソチだったことです。1年2か月後に、この地でオリンピックが開かれ、会場はそのために新装《しんそう》されたばかりです。本番リンクでおこなわれる、いわば、「プレオリンピック」となる大会でした。真新しい観客席は、フィギュアスケートファンで埋《う》まりました。どの選手にとっても、気持ちが高鳴り、胸《むね》が引き締《し》まる思いのする試合です。羽生選手にとっても、それは同じでした。

もう一つ、羽生選手には意味のあるものでした。SPのおこなわれた初日が12月7日、偶然《ぐうぜん》にも、羽生選手、18歳《さい》の誕生日《たんじょうび》だったのです。人間は大体だれでも、自分の祝日を、ハッピーな日にしたいものです。ところが、思うようにはいきませんでした。ミスが出て、世界最高記録を持つSPで3位発進となってしまいました。

「自分の記録を更新《こうしん》したい思いがあったので、悔《くや》しい」

翌日《よくじつ》のFSで、懸命《けんめい》の巻《ま》き返しを図りました。しかし、フェルナンデス選手にわずかにおよばず2位。総合《そうごう》でも2位となりました。総合優勝《そうごうゆうしょう》を飾《かざ》ったのは、SPで首位に立った高橋選手で、FSを手堅《てがた》く3位にまとめて表彰台《ひょうしょうだい》のトップに立ちました。

「悔《くや》しい。銀メダルのうれしさより、勝てなかった悔《くや》しさの方がずっと大きい。ソチオリンピックの会場で負けたのは、僕《ぼく》がもっと強くならなければということだと思います」

そして、オーサーコーチに誓《ちか》います。

「1年後、ここで僕《ぼく》はチャンピオンになります。その次の平昌でも」

18歳《さい》の誕生日《たんじょうび》を無念の2位に終えた羽生選手は、ソチオリンピックの金メダルへ向けて、新たな闘志《とうし》をかきたてることになったのでした。

エースの新旧交代《しんきゅうこうたい》

世界の前に、越《こ》えなければならない壁《かべ》は国内にありました。ＧＰファイナルで銀メダリストになったとはいえ、上の金メダルには高橋選手がいる。日本のフィギュアのレベルがいかに高いものであったかがわかります。その後、すぐに、本当の意味で新旧交代《しんきゅうこうたい》の時がやってきました。同じ月の21日、22日、北海道・真駒内のリンクが、その舞台《ぶたい》になりました。そのシーズンの日本チャンピオンを決める全日本選手権《せんしゅけん》です。新星羽生対ベテラン高橋の対決が注目され、多くのファンが会場に駆《か》けつけました。

高橋選手は、１９８６年３月生まれで、１９９４年12月生まれの羽生選手とは、およそ９歳《さい》の開きがあります。だから、子どものころから羽生選手にとっては「雲の上の存在《そんざい》」でした。２００６年トリノオリンピック８

位入賞、10年バンクーバーオリンピック銅《どう》メダリストです。10年世界選手《せんしゅ》権優勝《けんゆうしょう》、12年ＧＰファイナル優勝《ゆうしょう》をはじめ、国際《こくさい》大会で華々《はなばな》しい活躍《かつやく》を続けてきたスターです。全日本選手権《せんしゅけん》では、05年、06年、07年、09年、11年と5回の優勝《ゆうしょう》を重ねていました。そして、直前のＧＰファイナル優勝《ゆうしょう》の実《じっ》績《せき》を引っさげて臨《のぞ》んだ、この年の全日本選手権《せんしゅけん》でした。

「まだまだ若手《わかて》に負けるわけにはいかないですよ」

その言葉には、羽生選手へ向けた、ベテランの意地が込《こ》められていました。

実際《じっさい》、試合は、この新旧《しんきゅう》スケーターの意地と意地が真っ向からぶつかり合う好勝負となりました。初日のＳＰで羽生がトップに立つと、2日目のＦＳでは巻《ま》き返しを狙《ねら》う高橋選手がトップの点数をマークしました。総合《そうごう》では、ＳＰの点差もあり、羽生選手が初優勝《はつゆうしょう》を遂《と》げました。結果がアナウンスされると、会場には興奮《こうふん》が充満《じゅうまん》しました。勝った羽生選手への祝福《しゅくふく》と、敗れたとはいえ、堂々と羽生選手を迎《むか》え撃《う》った高橋選手を讃《たた》える拍手《はくしゅ》の嵐《あらし》が両雄《りょうゆう》に降《ふ》り注ぎました。素晴《すば》らしい大会でした。

しかし、羽生選手には、完全に先輩《せんぱい》を打ち負かしたという思いはありませんでした。FSでは、高橋選手が首位、自分は2位だったのは事実です。

「高橋先輩《せんぱい》は、まだあこがれの存在《そんざい》。完全に抜《ぬ》いたという実感はありません」

しかし、真っ向勝負で勝ったのも、これまた事実です。11月、故郷《こきょう》のNHK杯《はい》で、はじめて高橋選手を破《やぶ》ってはいましたが、全日本選手権《せんしゅけん》は日本王者を決めるということで特別な意味を持っています。スケート界において、日本のエースの新旧交代《しんきゅうこうたい》を印象づける大会となったのです。

大会の後で、戦い続けた羽生選手には疲《つか》れも残っていたのでしょうか。風邪《かぜ》や足の故障《こしょう》に見舞《みま》われ、シーズンをしめくくる13年3月の世界選手権《せんしゅけん》は、表彰台《ひょうしょうだい》に上ることはできず、4位となりました。高橋選手は6位でした。こうして、ソチオリンピック前年のシーズンは終わりました。

「故障《こしょう》を完全に治して出直そう」

そう誓《ちか》った羽生選手でした。

5

さあ、ソチオリンピックへ

金メダルに向けたスタートライン

ジュニア時代から夢《ゆめ》だった「オリンピック・シーズン」となりました。GPシリーズの初戦はスケート・カナダ、2戦目はフランス杯《はい》でした。この2つの試合で、羽生選手はともに、カナダのエース、パトリック・チャンに敗れて2位で終わりました。チャンは、羽生選手が一度は樹立《じゅりつ》したSPの世界記録を、その後、書きかえていました。2戦目のフランス杯《はい》（11月）では、その記録もまた書きかえました。1990年12月生まれで、ちょうど4歳《さい》上の好敵手です。2011年から13年までのGPファイナルを3連覇《れんぱ》し、2010年バンクーバーオリンピックでは5位に入賞していています。チャン選手を破《やぶ》らなければ、3カ月後のソチオリンピックの金メダルはありません。それでも、羽生選手は、冷静《れいせい》でした。

「いまはまだ、ピークじゃない。チャン選手に敗れて、頑張《がんば》る気持ちが出てきました」

オリンピック前、最後のビッグゲームとなるGPファイナルは日本の福岡でおこなわれました。ここで、羽生選手は最高の仕上げをします。ほぼ完璧《かんぺき》なSPで、チャン選手がつくった世界記録を塗《ぬ》りかえる99・84点を樹《じゅ》立《りつ》。FSでも、最初のジャンプ「4回転サルコー」こそ転倒《てんとう》のミスをおかしましたが、集中力が最後まで途切《とぎ》れることはありませんでした。ここでも首位。もちろん、総合《そうごう》でもチャン選手を破《やぶ》って優勝《ゆうしょう》したのです。オリンピックを目前に、ライバルたちを落胆《らくたん》させるには十分すぎる、GPファイナル初優勝《はつゆうしょう》となりました。しかし、羽生選手の進歩には、常《つね》にライバルたちの存在《そんざい》がありました。スポーツばかりではありません。目指す人が常《つね》に身近にいることは大事なことです。ターゲットがあるからこそ、努力と研究には、より心血を注げるものです。ただし、そこには、敗れてもはい上がる力も必要になってきます。羽生選手には、冷静《れいせい》な分析力《ぶんせきりょく》、精神力《せいしんりょく》が備《そな》わっていたということでしょう。

さて、スケート・シーズンはおもしろいもので、12月生まれの羽生選手の誕生日《たんじょうび》はこのシーズンと重なります。福岡で優勝《ゆうしょう》を決めたその日は12月6日、羽生選手、18歳《さい》最後の日となったのです。切りのいい大会となりました。

19歳《さい》で迎《むか》えた年末の全日本選手権《せんしゅけん》は、ソチオリンピック日本代表選考会を兼《か》ねておこなわれ、羽生選手は世界ナンバーワンの実力通り、2連覇《れんぱ》を果たし、正式にオリンピック代表に選ばれました。

「うれしい。だけど、夢《ゆめ》の金メダルには、ここがやっとスタートライン。どこまで自分に集中できるかが大切だと思います」

うれしさと、決意のこもった羽生選手の顔がありました。

4年後の金メダルを目指して

成長の過程《かてい》には、東日本大震災《だいしんさい》、故障《こしょう》、ライバルたちとの壮絶《そうぜつ》な戦い、血のにじむような努力がありました。その結果として、羽生選手の目標はただ一つ、金メダルと定まっていました。フィギュア競技《きょうぎ》は幅広《はばひろ》い人気を持ち、世界中で注目されています。日本でも、このころ、すでに羽生人気は揺《ゆ》るぎないものになっていましたし、世界のフィギュアファンの間にも、ユヅル・ハニュウの名はジワリジワリと浸透《しんとう》していました。目の肥《こ》えた世界のメディアの多くは、オリンピック前最後のGPファイナルでパトリック・チャン選手を破《やぶ》った羽生選手を、金メダル最有力選手と報《ほう》じていました。

「19歳《さい》の、日本のこの若者《わかもの》には勢《いきお》いがある」

と、論評《ろんぴょう》した専門家《せんもんか》が多かったのです。

ソチに到着《とうちゃく》した羽生選手は、日本ばかりか、各国の記者たちに囲まれました。何もかもやり終えた、すっきりした顔で羽生選手はいいました。

「オリンピックには魔物《まもの》がいるといわれます。僕《ぼく》は一生懸命《いっしょうけんめい》やるだけ。そして、最高の演技《えんぎ》ができたら、結果はついてくると思います」

だが、いきなり個人戦《こじんせん》がはじまったわけではありません。羽生選手には、その前にやっておかなければならない「仕事」がありました。このソチオリンピックから、新種目として団体戦《だんたいせん》がはじまりました。男女のシングル、ペア、アイスダンスをおこない、その総合《そうごう》で順位を争うというものです。羽生選手は、日本チームの一員として、スタートとなるＳＰを任《まか》されました。個人戦《こじんせん》までは1週間前の2月6日のことでした。これを、そつなく滑《すべ》って1位となりました。すでに、1年前のGPファイナルで経験済《けいけんず》みのリンクですが、オリンピック本番となると、当然ながら様相は一変します。スケート大国としても知られるロシアです。ロシアへの応援《おうえん》はすさまじいものがありました。そんな中、羽生選手は動揺《どうよう》することなく自分の演技《えんぎ》に集中しました。むしろ、観客席の盛《も》り上がりを楽しむような滑《すべ》りでした。

個人戦《こじんせん》でライバルとなるみんなが、団体戦《だんたいせん》に出場するわけではありません。たとえば、同じオーサーコーチのもとで一緒《いっしょ》に練習《れんしゅう》する、スペインのフェルナンデス選手は、個人戦《こじんせん》だけの出場です。選手は最高の状態《じょうたい》でメダルを目指します。最高の状態《じょうたい》をピークと呼《よ》びます。そのため、団体戦《だんたいせん》への出場が、個人戦《こじんせん》にとって「いいのか、悪いのか」は、専門家《せんもんか》の間でも意見が分かれています。団体戦《だんたいせん》にピークをもっていくと、個人戦《こじんせん》で再《ふたた》びピークの波をつくるのは難《むずか》しいという見方があります。一方で、1週間前の団体《だんたい》戦《せん》を本番リンクでこなしておけば、その経験《けいけん》が個人戦《こじんせん》で生きるという考え方もあります。氷の状態《じょうたい》、本番でしか味わえない観客席や、オリンピック独特《どくとく》のムードに慣《な》れることで、個人戦《こじんせん》に有利に働くといった理由からです。

羽生選手は、後者を選び、うまくいったケースになったようです。1週間後の13日、個人戦《こじんせん》がはじまりました。羽生選手は、団体戦《だんたいせん》の疲労《ひろう》を感じさせない表情《ひょうじょう》をしています。精神的《せいしんてき》なたくましさが伝わってきます。ピークの問題はどこ吹く風《ふ》とばかり、初日のSPで快挙《かいきょ》を成し遂《と》げたのです。軽快《けいかい》な「パリの散歩道」の曲をバックに、見事なジャンプ、スケーティング、スピンが決まりました。滑《すべ》り終わると、羽生選手はこぶしを天に突《つ》き上げました。高得点を予想させる圧巻《あっかん》の演技《えんぎ》でした。そして、得点が発表されると、会場は割《わ》れんばかりの歓声《かんせい》に包まれました。101・45点！。SP史上はじめて、100点を超《こ》える世界最高記録の誕生《たんじょう》です。

「100点超《こ》えは考えていませんでした。だから、素直《すなお》にうれしい。日本人として誇《ほこ》りに思います」

紅潮《こうちょう》したほほで、羽生選手は喜びをあらわしました。

金メダル候補《こうほ》のライバル、チャン選手も不調を伝えられながら踏《ふ》ん張《ば》り、97・52点で2位に続きました。フィギュアの世界では、4点弱の差は、まだ逆転圏内《ぎゃくてんけんない》といえます。競技《きょうぎ》時間の長いFSでは、ちょっとしたミス、出来具合でひっくり返る差です。特に、チャン選手は、フリーの演技《えんぎ》を得意としています。すべては、FSがメダルの色を分ける緊迫《きんぱく》した試合となりました。

翌日《よくじつ》、ＦＳの演技《えんぎ》がはじまりました。映画《えいが》「ロミオとジュリエット」からとった曲が流れます。前日のＳＰとは違《ちが》った、重い空気が流れます。いきなり、最初の４回転サルコーで転倒《てんとう》したのです。その後も、ミスが出ました。羽生選手は、ＳＰ上位で、メダルを競《きそ》う選手だけが集う最終組での演技《えんぎ》。19番目にフェルナンデス、20番目に高橋、21番目に羽生、続く22番目にチャンと、そうそうたるメンバーがそろっています。

滑《すべ》り終わって、羽生選手の顔には失望感がただよっていました。４点弱の差を追う、ＦＳが得意なチャン選手の演技《えんぎ》が残っています。普通《ふつう》なら、逆転《ぎゃくてん》されてもおかしくない状況《じょうきょう》に追い込《こ》まれてしまったのです。

しかし、やはり、オリンピックには魔物《まもの》がひそんでいました。そして、それはチャン選手に対していえる言葉でした。羽生選手のミスを引き継《つ》ぐように、チャン選手のミスが続出したのです。

幸運の女神は、一度はあきらめていた羽生選手にほほ笑みました。フリーが得意なはずのチャン選手の得点は伸《の》びず、羽生選手にもおよびませんでした。金・羽生、銀・チャンで熱く、重苦しい戦いは終わったのです。あきらめていた金メダルは、羽生選手に輝《かがや》きました。動揺《どうよう》したのは、チャン選手だけではありませんでした。羽生選手もまた、しばらく、動揺《どうよう》の中にいました。

「金メダル？　まさか僕《ぼく》が……」

「今日の演技《えんぎ》は満足《まんぞく》のいくものではありませんでした」

「オリンピックは、やはり難《むずか》しいものでした」

羽生選手は喜びよりも、疲《つか》れ切った表情《ひょうじょう》で答えました。そして、早くも、次を見据《みす》えた言葉を口にしたのです。

「また4年、精進《しょうじん》して、高みを目指します」

それは、4年後の平昌オリンピックへ向けた、自らへのリベンジの気持ちのあらわれでした。そして、納得《なっとく》のいく金メダルを目指す宣言《せんげん》でした。

日本人男子はじめての金メダル

FSの演技《えんぎ》に悔《く》いは残るが、一生懸命頑張《いっしょうけんめいがんば》った結果の金メダルでした。その価値《かち》がうすれるものではありません。勝負には、自分ばかりか、相手の出来不出来も大いに関係します。自分は、ミスが出たとしても、あきらめず最後までやり切ることが、とても大事なのです。羽生選手は、それを実践《じっせん》しました。

19歳《さい》の若者《わかもの》が獲得《かくとく》したこの金メダルは、日本にとっても、とても貴重《きちょう》なものになりました。長い歴史をほこる冬のオリンピックで、フィギュアの

日本男子選手が獲得《かくとく》したはじめての金メダルになったのです。女子では、荒川静香さんが、２００6年トリノオリンピックで日本人はじめての金メダリストになっています。荒川さんは、１９８1年12月生まれで、羽生選手とは13歳《さい》の開きがありますが、２人の間には、強い絆《きずな》や共通点がありま す。羽生選手は、まだ世界的な選手でなかったころから、いい続けて来たことがありました。

「オリンピックで、日本のフィギュアの金メダルは、荒川さんの1個《こ》しかない。２個《こ》目は僕《ぼく》がとって、男子ではじめての金メダリストになりたい」

男女の差はありますが、荒川さんはあこがれの人でもありました。荒川さんは、生まれは東京、そして神奈川で育ったと、メディアで紹介《しょうかい》されることがありますが、実際《じっさい》は、お父さんの仕事の関係で、まだ赤ちゃんのころ、仙台市へ引っ越《こ》しています。５歳《さい》からスケートをはじめたのは、羽生選手と同じ、現在《げんざい》の「アイスリンク仙台」でした。スケート教室で教わった先生も、一部重なります。さらに、巣立った高校も、東北高校で羽生選手と一緒《いっしょ》です。まだあります。荒川さんは、早稲田大学教育学部へ進みました。羽生選手は、ただ、フィギュアスケートばかりに目が行って、あまり知られることはありませんが、実は、今回の平昌オリンピック時は、早稲田大学の学生でもあったのです。本拠地《ほんきょち》をカナダに構《かま》えているため、一般《いっぱん》の学生と同じような通学はままなりません。だから、人間科学部の通信教育課程《かてい》に籍《せき》をおいているのです。

冬のオリンピックに関しても共通点はあります。実は、荒川さんが獲得《かくとく》したメダルは、トリノ五輪日本勢唯一《ぜいゆいいつ》の金メダルでした。そして、羽生選手が獲得《かくとく》した金メダルも、ソチオリンピック日本勢《ぜい》ただ1個《こ》の金メダルでした。くしくも、仙台の、同じリンクの、同じ高校の、同じ大学の先輩《せんぱい》、後輩《こうはい》が成し遂《と》げた偉業《いぎょう》だったのです。

荒川さんは、トリノオリンピックを最後に一線からは引退《いんたい》して、プロフィギュアスケーターとして活躍《かつやく》、日本スケート界をリーダーの一人として引っ張《ぱ》っています。さらに、被災地復興《ひさいちふっこう》のための活動を続けています。東日本大震災《だいしんさい》で、一時行き場を失った羽生選手を、各地を転戦するアイスショーに引っ張《ぱ》りだし、その合間に練習《れんしゅう》場所確保《かくほ》を手助けしてくれたのも、この先輩《せんぱい》、荒川さんでした。

ソチで金メダルを獲得《かくとく》したとき、羽生選手はいいました。

「日本女子ではじめての金メダルを獲得《かくとく》した荒川さんを、ずっと追いかけ、同じ宮城県出身者として、男子は僕《ぼく》が最初にと、金メダルを夢《ゆめ》見てきました。それが本当に実現《じつげん》したのがうれしいです。仙台があったから、今、僕《ぼく》がここにいます」

ＦＳでの不完全燃焼《ねんしょう》の悔《くや》しさもありましたが、表彰式《ひょうしょうしき》で金メダルを胸《むね》にした羽生選手には笑顔が似合《にあ》いました。

「君が代が流れ、日の丸が上がると、日本国民、羽生結弦として誇《ほこ》らしく感じました。このメダルは、これまで支《ささ》えてくださった方々の思い全部がこもっていて、みんなで掛《か》けている気がします。今は、悔《くや》しさは忘《わす》れて、幸せです」

僕《ぼく》の金メダルで被災地《ひさいち》を忘れないでください

閉会式《へいかいしき》を終えて帰国すると、日本では大きな騒《さわ》ぎになっていました。フィギュアスケートファンだけでなく、羽生の名前はあっという間に国中に知れわたっていました。オリンピック前と後では、大きな違《ちが》いです。

「国民的アイドル」並《な》みの大人気となっていました。

いくつかの行事に顔を出すのも、感謝《かんしゃ》の気持ちをあらわすために、金メダリストの務《つと》めになりました。しかし、オリンピックを頂点《ちょうてん》としたこのシーズンも、まだ終わりではありませんでした。帰国して間もなく、世界選手権《せんしゅけん》が控《ひか》えていたからです。しかも、会場は首都圏《しゅとけん》の「さいたまスーパーアリーナ」です。

オリンピック王者として、凱旋《がいせん》試合となります。当然、国民の目は羽生選手の勇姿《ゆうし》にそそがれることになります。ただ、長い年月をかけて準備《じゅんび》し、オリンピックを全力で戦った心身は、当然、疲《つか》れています。準備《じゅんび》も万全ではありませんでした。それでも、残る気力と体力をしぼりださなければなりません。

初日のＳＰでは、やはりミスが出て、３位発進となったのです。首位に立った町田樹選手には7点もの差をつけられました。

「自分自身に対する怒《いか》りを感じます」

多忙《たぼう》のうちに過《す》ぎた時間をうらむより、自分を責《せ》める羽生選手でした。責任感《せきにんかん》の強さがにじみでていました。しかし、逆境《ぎゃっきょう》に強い羽生選手は、翌《よく》日《じつ》のFSで、その真価《しんか》を見せつけます。ミスを重ねたSPとは打って変わった演技《えんぎ》を披露《ひろう》したのです。懸命《けんめい》に挑《いど》んだ4回転サルコー、4回転トウループもピタリと決めました。まさに、すきのない演技《えんぎ》です。満員の会場からは切れ目のない声援《せいえん》と拍手《はくしゅ》が続きました。

7点差からの大逆転《だいぎゃくてん》になりました。町田選手に、わずか0・33の僅差《きんさ》で勝利したのです。そこにあったのは、オリンピックチャンピオンとしての意地でした。

「絶対《ぜったい》に勝つんだという、意地と気合だけでした」

日本的にいうなら、一度は土俵際《どひょうぎわ》まで追いつめられながら、最後は実力で勝つという「横綱相撲《よこづなずもう》」のようでした。そこには、19歳《さい》にして、風格《ふうかく》さえ感じさせるものがありました。

その羽生選手が、柔和《にゅうわ》な顔で仙台市民、いや多くの人々にありのままの姿《すがた》で感謝《かんしゃ》の気持ちを伝える日がやって来ました。４月26日、ゴールデンウイークの初日、杜《もり》の都仙台の街並《まちな》みは、ケヤキの青葉が美しい晴れの一日となりました。金メダルの快挙《かいきょ》を讃《たた》えて、宮城県、仙台市、県スケート連《れん》盟《めい》が共催《きょうさい》して「羽生結弦選手『金メダルおめでとう』パレード」をおこなったのです。市の中心部から市役所までの８８０メートルの沿道《えんどう》を、およそ９万２０００人もの人たちが埋《う》めつくしました。その中を、大型のパレードバスはゆっくりと進みます。バスの屋根で歓声《かんせい》にこたえる羽生選手に「おめでとう」の声が切れ目なく続きました。羽生選手が時々、ソチで演《えん》じた決めポーズをくり出すと、歓声《かんせい》はひときわ大きくなります。「地元の温かい声援《せいえん》を感じていました。中には遠くから来ていただいた方もたくさんいらっしゃったそうで、本当にうれしかった。スポーツ界では一番評価《ひょうか》の高いオリンピックで最高の成績《せいせき》を持ち帰り、素晴《すば》らしい舞台《ぶたい》で報告《ほうこく》できて幸せです」

パレードは急ごしらえのものでした。県や市が当初5000万円と見積もった費用は、人出が予想以上になるということから、警備費《けいびひ》を中心に7000万円以上にふくらむことになりました。その差額《さがく》をどう埋《う》めるか。主催者《しゅさいしゃ》側は知恵《ちえ》を絞《しぼ》り、募金《ぼきん》が集められ、羽生選手のシルエットを描《えが》いた記念Tシャツが売り出されることになったのです。しかし、心配は無用でした。

あっという間に1800万円の寄付《きふ》が寄《よ》せられ、1枚《まい》2000円のT

シャツは2万9000枚《まい》が完売したのです。市民らの喜びがいかに大きかったかが分かります。そのため、700万円以上の黒字が出ました。このお金は、第2の羽生選手を育成するために、全額《ぜんがく》が県スケート連盟《れんめい》に寄付《きふ》されたのです。羽生選手もこのことを知って、喜んだといいます。

その日、羽生選手は仙台で語りました。

「みなさんの応援《おうえん》やサポートがあったからこそ、金メダルがとれました。これは、みなさんと一つになれた証《あかし》だと思います」

「（僕《ぼく》の持ち帰った金メダルで）どうか、この仙台、宮城県、被災地《ひさいち》のことを忘《わす》れないようにしていただきたい。オリンピックも、被災地支援《ひさいちしえん》も共通していえるのは一致団結《いっちだんけつ》だと思います」

2014年は、オリンピック金メダリスト、そして世界チャンピオン、一気に羽生時代の到来《とうらい》を告げた素晴《すば》らしい一年になったのでした。

6

アクシデント

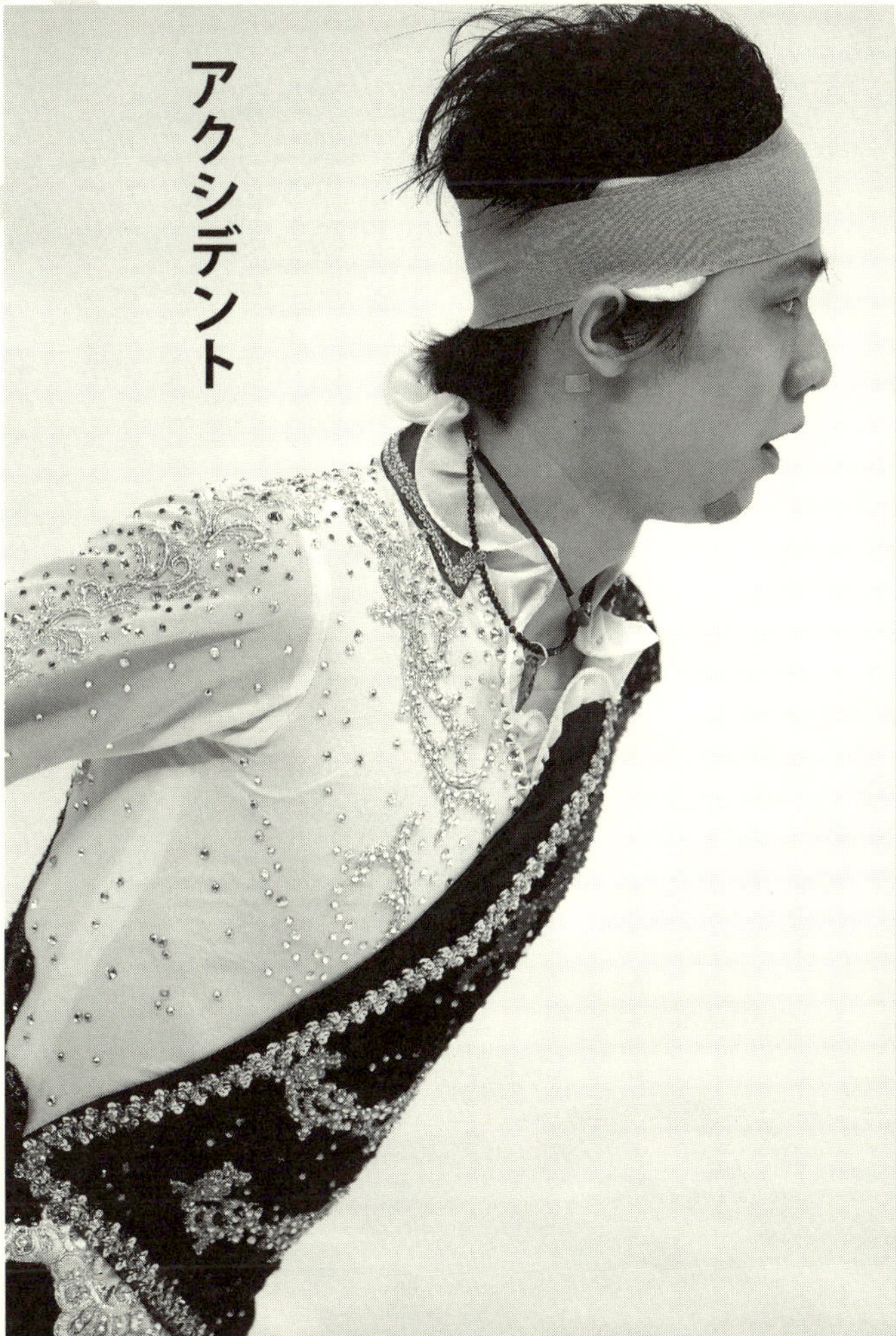

スポーツマンシップが生んだ友情のメダル

ソチオリンピック、世界選手権《せんしゅけん》をともに制《せい》し、世界の顔としての新しいシーズンがはじまりました。人間は、最大の目標を成し遂《と》げると、達成感でどっと心身に疲《つか》れが出るものです。よくいわれる「燃《も》え尽《つ》き症候群《しょうこうぐん》」というものです。現実《げんじつ》に、ソチで羽生選手と優勝《ゆうしょう》争いをくり広げ、銀メダルとなったパトリック・チャン選手は、向こう1年間の休養を宣言《せんげん》していました。疲《つか》れ切った心身を癒《い》やすためです。また、フィギュアだけではなく、ほかの競技《きょうぎ》でも、オリンピックを最後に引退《いんたい》する選手も多くいます。フィギュアでは、2006年トリノオリンピックで金メダルを獲得《かくとく》した荒川静香選手が、そのまま引退《いんたい》しました。彼女は、24歳《さい》という、女子ではオリンピック史上最年長金メダリストでした。

大きな目標に向かうとき、いかに、心と体に負担《ふたん》がかかっていたかが分かります。オリンピックで金メダルという、最高の名誉《めいよ》を獲得《かくとく》した選手ならなおさらです。新たな目標を見つけ、モチベーションを高めることが難《むずか》しいのです。しかし、羽生選手は違《ちが》いました。ソチオリンピックの金メダルには、完全に納得《なっとく》してはいませんでした。新たな自分の可能性《かのうせい》に挑《いど》むことを目標に定めたのです。もともと、一つ所に安住するような羽生選手ではありません。金メダルフィーバーが、初夏でひと段落《だんらく》すると、オーサーコーチのもとでの、夏のトレーニングはハードなものになりました。

しかし、秋からはじまった新たなシーズンには、序盤《じょばん》から、思わぬ魔物《まもの》がひそんでいました。

14−15年のGPシリーズ初戦は、11月7日に上海で開幕《かいまく》した中国杯《はい》でした。SPはミスも出て2位でのスタート。翌《よく》8日、FSでの巻《ま》き返しを誓《ちか》った羽生選手は、最終組で戦うライバルたちと、6分間の試合前練習《れんしゅう》に臨《のぞ》んでいました。世界のトップ選手たちが、同じ氷上で同時に滑《すべ》るのは壮《そう》観《かん》です。見る側からすれば、華《はな》やかなものです。反面、選手たちにしてみれば、危険《きけん》と背中《せなか》合わせのものになります。地面の上で走るのと違《ちが》い、氷の上では、もっとスピードが出ます。ぶつかったら大変なことになります。

開始から1分半後ぐらいたったときのことです。その大変なことが現実《げんじつ》に起きてしまいました。

勢《いきお》いをつけて後方へ滑《すべ》っていた羽生選手が、体勢《たいせい》を変えて振《ふ》り向いたその一瞬《いっしゅん》でした。前方から滑《すべ》ってきた中国の閻涵選手と正面衝突《しょうとつ》したのです。激突音《げきとつおん》が響《ひび》いて、会場には悲鳴《ひめい》が起きました。両者ともにはじき飛ばされるようにして転倒《てんとう》しました。羽生選手は、顔面をリンクにぶつけたように見えました。起き上がろうともがきますが、なかなか立てません。救《きゅう》護班《ごはん》がかけつけ、その支《ささ》えで、羽生選手はやっと立ち上がることができました。ふらつく足で、なんとかリンク外へ向かいましたが、あごから首にかけて鮮血《せんけつ》が流れています。激突《げきとつ》、流血、ふらつく足。だれが見ても重傷《じゅうしょう》です。医務室《いむしつ》に運ばれて診察《しんさつ》、救急手当てがおこなわれました。

一瞬《いっしゅん》のできごとに、オーサーコーチも気が動転していました。言葉の壁《かべ》もあって、オーサーコーチは、ただちにアメリカのチームドクターに診察《しんさつ》を要請《ようせい》しました。しかし、だれが見ても出場はできない状況《じょうきょう》です。

しかし、およそ15分後、目を疑《うたが》うようなことが起きます。中断《ちゅうだん》していた6分間練習《れんしゅう》の再開《さいかい》がアナウンスされると、リンクに羽生選手があらわれたのです。しかし、それは痛々《いたいた》しいものでした。頭には茶色のテーピングが巻《ま》かれ、あごにもテーピングがほどこされていたのです。場内には、異様《いよう》などよめきが起こりました。もう一度、羽生選手を見たかった人たちもいたのですが、喜んでいいのか、悲しんでいいのかわからない複雑《ふくざつ》な表情《ひょうじょう》が並《なら》んでいます。つい先ほど、衝撃的《しょうげきてき》な激突《げきとつ》を目撃《もくげき》したばかりです。無理もありません。多くの観衆《かんしゅう》の視線《しせん》を集めながら、羽生選手は必死になって練《れん》習《しゅう》を終えました。

激突《げきとつ》した相手の閻涵選手は、練習《れんしゅう》に参加できませんでした。それでも、直前に出場を決めました。演技《えんぎ》がはじまる前に、2人は近づき、固い握手《あくしゅ》をかわしました。羽生選手の一つ前に出場する、18歳《さい》の閻涵選手が、

「頑張《がんば》りましょう」

というと、羽生選手はこたえました。

「だれかが悪いというわけじゃない。お互《たが》い頑張《がんば》ろう」

ひどく傷《きず》つきながらも、彼らはスポーツマンシップを忘《わす》れていませんで

した。

異様《いよう》な状況下《じょうきょうか》、羽生選手はＦＳの演技《えんぎ》に挑《いど》みました。曲は「オペラ座《ざ》の怪人《かいじん》」です。羽生選手は、

「跳《と》ぶ！」

と、自らにいい聞かせるようにつぶやいて、リンクに飛び出しました。まさに鬼《おに》の形相《ぎょうそう》をしていました。しかし、やはり、その演技《えんぎ》はつらそうでした。ジャンプでは5回も転倒《てんとう》しました。羽生選手は、転ぶたびに起き上がり、そのたびに、会場には悲鳴《ひめい》と歓声《かんせい》、励《はげ》ましの声、手拍子《てびょうし》がわき起こりました。

長く、苦しい4分半の闘《たたか》いが終わると、羽生選手は高い天井《てんじょう》を見上げました。しかし、頑張《がんば》った後に得点はついてきました。結果、総合《そうごう》で2位となりました。ジャンプで5度も転んだから、低い得点を予想した人も多

かったのですが、専門家《せんもんか》の目は違《ちが》っていました。ジャンプはきちっと回転していたら、転んだとしても基礎《きそ》になる点はもらえます。ほとんどのジャンプで、回転自体は足りていたのです。後半に組み込《こ》み、成功させた3連続ジャンプ「トリプルアクセルーシングルループートリプルサルコー」も高く評価《ひょうか》されました。これは、超高難度《ちょうこうなんど》の技術《ぎじゅつ》とされています。

結果が場内にアナウンスされると、キス&クライ席に座《すわ》った羽生選手の目から涙《なみだ》があふれました。両手で顔をおおい、声を出して泣きました。緊《きん》張《ちょう》が一瞬《いっしゅん》にしてほぐれたのでしょうか。会場からもすすり泣く声が聞こえました。泣きながら、羽生選手は

「ありがとうございました」

と、つぶやきました。

「観衆《かんしゅう》の声援《せいえん》が、ただただ、うれしかったのです」

手当のために、羽生選手は表彰式《ひょうしょうしき》に出ることができませんでした。2位の表彰台《ひょうしょうだい》はからっぽでした。やはり、異様《いよう》な大会でした。

10代最後の試練《しれん》を乗り越《こ》えて

オーサーコーチや、日本チーム、大会関係者が最も危惧《きぐ》したのは脳《のう》しんとうでした。転倒《てんとう》したとき、一瞬《いっしゅん》、頭も氷にぶつけたように見えました。脳《のう》しんとうを起こした後に演技《えんぎ》したら、生命にも関わる一大事です。しかし、アメリカのドクターの診断《しんだん》で、脳《のう》しんとうは起こしていないことがわかりました。

しかし、4分半の演技《えんぎ》に耐《た》えられる保証《ほしょう》はありません。それでも、強行出場を決めたのは、羽生選手自身でした。愛弟子《まなでし》の将来《しょうらい》を見据《みす》えるオーサーコーチは、最初、出場に反対してストップをかけました。

「ユヅル、君はここでヒーローになる必要はない」

だが、羽生選手は、

「滑《すべ》りたい、滑《すべ》ります」

と、主張《しゅちょう》をくり返し、曲げることはしませんでした。これに負けて、オーサーコーチも仕方なく「ＯＫ」を出したのでした。羽生選手の意志《いし》の強さに負けたのです。

しかし、この大会は、スケート界ばかりか、社会にも賛否《さんぴ》をまじえて、さまざまな議論《ぎろん》を巻《ま》き起こしました。羽生選手の強靭《きょうじん》な精神力《せいしんりょく》、体力、勇気を讃《たた》える声が聞こえます。一方で、スケート生命ばかりか、命そのものにも影響《えいきょう》をおよぼしかねない状況《じょうきょう》では、コーチや関係者がストップを命じるべきではなかったのか、という声も聞こえてきました。

実際《じっさい》、車いすで会場を去る羽生選手はレポーターに話しています。

「僕《ぼく》のスケートは、ここで終わるのかなと思いました。でも、あきらめなくて、本当によかった」

一部には、最終的に出場を許《ゆる》したオーサーコーチにも批判《ひはん》の目が向けられました。しかし、それは当たらないと、羽生選手はいいます。

「コーチは悪くない。滑《すべ》ったのは僕《ぼく》の判断《はんだん》ですから」

あごを7針《はり》、頭を3針《はり》ぬうけがでしたが、帰国後の精密検査《せいみつけんさ》で、詳《くわ》しい状態《じょうたい》が判明《はんめい》しました。頭部挫創《とうぶざそう》、左大腿部挫傷《ひだりだいたいぶざしょう》など、計5か所のけがで、全治2~3週間というものでした。演技中《えんぎちゅう》は目立ちませんでしたが、左大《ひだりだい》腿部《たいぶ》のけがは、特に重いものであることがわかったのです。

2週間後には、NHK杯《はい》が控《ひか》えています。羽生選手が、この大会に出るのか出ないのかが、注目されることになりました。

ＮＨＫ杯《はい》は、11月28日に開幕《かいまく》しました。大会を前におこなわれた記者会見で、羽生選手は中国杯《はい》のアクシデントについて語りました。

「（激突《げきとつ》の瞬間《しゅんかん》の）当たりどころがよかった。時間が少しでもずれていたら、自分はいなくなっていたかもしれない。ここにいること自体が奇跡《きせき》だと思います」

「アメリカのドクターが、しっかり診断《しんだん》してくれました。脳《のう》しんとうの危《き》険《けん》はないというので、出場を決めました。たくさんの方に無謀《むぼう》だったといわれましたが、意思を尊重《そんちょう》してくれた連盟《れんめい》、ブライアンコーチ、そして、自分の身体に感謝《かんしゃ》しています」

そのような体験の後で、ＮＨＫ杯《はい》に出るのは、これまた無謀《むぼう》と考える人たちもいましたが、羽生選手は出場に踏《ふ》み切りました。治療《ちりょう》を続け、やっと氷に乗ったのは、けがから10日後のことです。大会は目前でした。ほとんどぶっつけ本番ということです。

演技《えんぎ》の構成《こうせい》を落として臨《のぞ》みましたが、結果は、やはりふるわず、4位に終わりました。原因《げんいん》は、けがのせいだと、だれもがわかっていました。それでも、羽生選手はいいました。

「ここまでの惨敗《ざんぱい》は、小学時代以来。悔《くや》しくて泣きました。みなさんは、けがの影響《えいきょう》だといわれるかもしれないが、これが今の僕《ぼく》の実力です」

中国杯《はい》の2位とNHK杯《はい》の4位をトータルして、GPファイナルの切符《きっぷ》はもぎとりました。

多くの人たちが、出場は無謀《むぼう》とした大会を振《ふ》り返って、羽生選手がいいました。

「(10日ぶりの練習《れんしゅう》で氷に乗ったとき)絶望《ぜつぼう》しました。あきらめて、出場しないと、親にもいいました。(それでも出場したのは)課題を克服《こくふく》するためのチャンスを与《あた》えられたのかもしれない、と考えたのです。立ちはだかる壁《かべ》や課題はいっぱいあるが、それを乗り越《こ》えたら、絶対《ぜったい》、その上が見えてくると思ったのです」

絶望《ぜつぼう》のふちでも前を向く。

あえて困難《こんなん》に立ち向かうことは、口に出すのは簡単《かんたん》だが、なかなかできないものです。

激突《げきとつ》の後で演技《えんぎ》に挑《いど》んだ中国杯《はい》も、それが悪影響《あくえいきょう》をおよぼしたNHK杯《はい》の出場も、羽生選手の中では、大きな意味を持っていたことがわかります。他人の考えより、何より自分で考え、それを実行に移《うつ》すという生き方が伝わってきます。

アクシデントなど、だれものぞみません。しかし、いざ出会ったとき、それをプラスにとらえることができたら、乗り越《こ》えた先に、新しいものが見えてくる。羽生選手は、自らそれを実践《じっせん》し、多くの人たちにも勇気を与《あた》えてくれたのです。

中国杯《はい》からNHK杯《はい》と続いた苦難《くなん》は、10代最後の試練《しれん》でした。翌月《よくげつ》の12月7日、羽生選手は20歳《さい》の誕生日《たんじょうび》を迎《むか》えました。

7 平昌への旅路

20歳《さい》の栄冠《えいかん》

20歳《さい》最初の試合は、12月11日から、スペインのバルセロナでおこなわれたGPファイナルでした。世界の最高峰《さいこうほう》に位置する6人にしか出場権《けん》が与《あた》えられないビッグゲームです。ギリギリ6位で資格《しかく》を得た羽生選手にとっては、一発逆転《ぎゃくてん》を目指す大会となりました。ただ、けがからの回復《かいふく》が100パーセントには至《いた》っていません。その中で、ライバルたちにいかに挑《いど》むか。オーサーコーチと羽生選手の、これまでやったことのない最後の追い込《こ》みが、どこまで通用するかがカギでした。

7日の誕生日《たんじょうび》をはさんで、仙台で練習《れんしゅう》し、9日にはバルセロナへ向けて出発しました。

懸命《けんめい》の努力は報《むく》われました。SPで最初に滑《すべ》った羽生選手のミスは最小《さいしょう》限《げん》におさえられ、94・08点が表示《ひょうじ》されました。これは、このシーズンの世界最高得点だったのです。まさに、ライバルたちに与《あた》えた先制《せんせい》パンチになったのです。

翌日《よくじつ》のFSは、一転して最終滑走《かっそう》となりました。今度はライバルたちの滑《すべ》りの結果を待つ番になったのです。5人の滑《すべ》り終わりを待って、羽生選手は、何かにはじかれたようにリンクに飛び出しました。2種類の4回転ジャンプは完璧《かんぺき》に決まり、美しいスケーティングが会場を魅了《みりょう》しました。オリンピック金メダリストの圧倒的《あっとうてき》な存在感《そんざいかん》がありました。総合《そうごう》で2位に34点もの大差をつける288・16点の圧勝《あっしょう》でした。うち続いた困難《こんなん》からの鮮《あざ》やかな復活劇《ふっかつげき》でした。

世界の最高峰《さいこうほう》が競《きそ》うGPファイナルは、それまで連覇《れんぱ》を記録したのは2人しかいませんでした。かつてあこがれたロシアのプルシェンコと、ライバルとなっているカナダのパトリック・チャンだけでした。羽生選手は、そこに名前を刻《きざ》んだのです。オリンピックの金メダルと、その年のGPファイナル優勝《ゆうしょう》を勝ち取った選手は、この羽生選手がはじめてという快挙《かいきょ》にもなりました。

「20代になっても、上を向いて歩きたい」

20歳《さい》最初の試合には、そんな気持ちが、とてもよくあらわれていました。

帰国後、すぐに待っていたのは、長野のビッグハットでおこなわれた全日本選手権《せんしゅけん》でした。GPファイナルで復活《ふっかつ》を果たした羽生選手は、大方の予想どおり、3連覇《れんぱ》を果たしました。

苦難《くなん》を乗り越《こ》えて道をひらく

「オリンピックの金メダルも、全日本3連覇《れんぱ》も、僕《ぼく》の中では過去《かこ》のもの」と、羽生選手はいいます。さらに、その先を見つめる若者《わかもの》の姿《すがた》がありました。確《たし》かに、見事な復活劇《ふっかつげき》でした。しかし、そのかげで、羽生選手は体調に違和感《いわかん》をおぼえていました。ときどき起きていたお腹《なか》の痛《いた》みです。全日本からわずか3日後の12月30日、病院で下された診断《しんだん》は、あまり聞き慣《な》れない「尿膜管遺残症《にょうまくかんいざんしょう》」というものでした。すぐに手術《しゅじゅつ》。お腹《なか》にメスが入り、4センチほど切ったといわれます。2週間の入院が必要で、年末年始は病院のベッドで過《す》ごすことになりました。鮮《あざ》やかな復活《ふっかつ》から、一転入院、手術《しゅじゅつ》は、あまりにも急激《きゅうげき》な変化でした。

退院《たいいん》してからも、およそ1か月の自宅療養《じたくりょうよう》が必要でした。

お腹《なか》に力が入らなければ、全身運動はできません。

「スケートが大好き、ジャンプが大好き」

という羽生選手にとっては、つらい日々でした。回復《かいふく》を待って、リンクへ下りたのは、2月はじめのことでした。はじめは氷の感触《かんしょく》を確《たし》かめるように滑《すべ》りました。しかし、またここでアクシデントです。今度は、足の捻《ねん》挫《ざ》に見舞《みま》われました。また、患部安静《かんぶあんせい》のための休養へとUターンです。2週間を経《へ》て、氷上の練習《れんしゅう》を本格的《ほんかくてき》に再開《さいかい》したのは3月に入ってからでした。この月の下旬《げじゅん》には、シーズンをしめくくる世界選手権《せんしゅけん》が待っています。舞台《ぶたい》は、あのショッキングな衝突事故《しょうとつじこ》を起こした、中国・上海の「オリエンタルスポーツセンター」です。

完全とはいえないまでも、何とか、体勢《たいせい》を整え、大会に臨《のぞ》みました。頭のすみには、激突《げきとつ》の瞬間《しゅんかん》があったでしょう。だが、羽生選手の言葉からは、いまわしいできごとへの恨《うら》みは聞こえて来ませんでした。逆《ぎゃく》に、試練《しれん》を与《あた》えてくれたリンクに恩返《おんがえ》しをするように、試合に挑《いど》みました。SPは手堅《てがた》く首位発進しました。

しかし、FSでは、ところどころにミスが顔をのぞかせ、3位。トータルでは2位となりました。日本人初の世界選手権連覇《せんしゅけんれんぱ》はなりませんでしたが、表彰台《ひょうしょうだい》に上がりました。前の年の11月、同じリンクで満身創痍《まんしんそうい》のまま闘《たたか》い、同じく2位になったとき、表彰式《ひょうしょうしき》に臨《のぞ》むことはできず、2位の表彰台《ひょうしょうだい》はからっぽでした。しかし、この日の表彰台《ひょうしょうだい》にはうれしそうな羽生選手の笑顔がありました。

この大会、表彰台《ひょうしょうだい》の隣《となり》で、一番高いところに立ったのは、スペインのハビエル・フェルナンデス選手でした。そうです、カナダのトロントを本拠《ほんきょ》地《ち》に、羽生選手と同じブライアン・オーサーコーチのもとで学ぶ、仲のいい仲間です。スペインにとっては、世界選手権史上初《せんしゅけんしじょう》の優勝《ゆうしょう》になりました。感極《かんきわ》まった様子で、とてもうれしそうでした。オーサーコーチにとっては、教え子のワン・ツーフィニッシュです。コーチも感激《かんげき》して、目をうるませていました。多くの記者たちに囲まれて、フェルナンデス選手はいました。

「ユヅルに勝って優勝《ゆうしょう》できるなんて夢《ゆめ》にも思いませんでした。ユヅルと一緒《いっしょ》に練習《れんしゅう》するようになってから、僕《ぼく》も変わりました。練習量《れんしゅうりょう》も増《ふ》え、何より意識《いしき》が変わりました。僕《ぼく》を支《ささ》えてくれた多くの人たちに感謝《かんしゃ》したいです」

世界のトップが、同じコーチのもとでトレーニングすることには、賛否《さんぴ》両論《りょうろん》があります。お互《たが》いを意識《いしき》するあまり、とも倒《だお》れするのではないか、あるいは、優劣《ゆうれつ》がはっきりして、片方《かたほう》が伸《の》び、片方《かたほう》が脱落《だつらく》していくのではないか、という否定論《ひていろん》がありました。一方では、お互《たが》いがライバル心を燃《も》やして熱が入り、ともに技術《ぎじゅつ》や精神力《せいしんりょく》を高めてくれるだろうという肯定的《こうていてき》な見方があります。羽生選手とフェルナンデス選手の場合は後者で、いい結果を生み出しました。お互《たが》いが刺激《しげき》しあい、ともに高みを目指すことに成功したのです。羽生選手はいいました。

「ハビエル選手を、チームメートとして誇《ほこ》りに思います。仲間の優勝《ゆうしょう》がこんなにもうれしいとは思いませんでした」

でも、こうも付け加えました。

「負けたのはやっぱり悔《くや》しい。次は勝ちたいです」

友情《ゆうじょう》とライバル心をあらわにしていました。これは、スポーツマンシップに裏打《うらう》ちされた言葉です。スポーツマンシップは、フェア（公正）を意味します。仲間を讃《たた》えつつ、新たな闘志《とうし》を燃《も》やすということで成り立っています。羽生選手とフェルナンデス選手の間には、いい関係が築《きず》かれていたということです。彼らを教えたオーサーコーチの手腕《しゅわん》もまた、素晴《すば》らしかったということがいえます。

19歳《さい》から20歳《さい》という、人生の区切りの時期に本当に多くのことが起こり、それを、真正面からとらえ、一つひとつ乗り越《こ》えてきた若者《わかもの》でした。そこには、マイナスは、乗り越《こ》えたら必ずプラスに転じることを信じる羽生選手の姿《すがた》があり、人並《な》み外れた精神力《せいしんりょく》がみなぎっていました。

成功―失敗・課題分析《ぶんせき》―再起《さいき》・成功―失敗……。羽生選手が順風満帆《じゅんぷうまんぱん》に進化を遂《と》げたわけではありません。転んでもただでは起きない。起き上がったら何かをつかんでいる。そんな人生です。2018年平昌オリンピックへの旅路も、ずっとそんなことのくり返しでした。

2015〜16年シーズンになると、平昌が視界《しかい》の中に完全に入って来ました。オーサーコーチら指導陣《しどうじん》との話し合いがより綿密《めんみつ》となり、演技内《えんぎない》容《よう》もさらに高度なものにすることになりました。SPはショパンの「バラード一番」はそのままに、演技《えんぎ》の難度《なんど》を高めることにしました。FSは、これまで使ってきた「オペラ座《ざ》の怪人《かいじん》」から大きく変更《へんこう》、曲目、演技《えんぎ》も新たに構築《こうちく》することになりました。ここでは、羽生選手の意見が大幅《おおはば》に取り入れられることになりました。

「進化しなければ意味がない」

と、羽生選手は考えていました。新しい羽生で戦いたいという思いが強かったのです。羽生選手が提案《ていあん》したのは、「和」つまり、日本的なものを取り入れることでした。羽生選手が、いくつかの案の中から選んだのは、話題になった映画《えいが》「陰陽師《おんみょうじ》」の劇中曲《げきちゅうきょく》でした。平安時代に、占術師《せんじゅつし》として活躍《かつやく》した安倍晴明《あべのせいめい》を主役にしたこの映画《えいが》は、内外で話題になりました。「静と動」の調和、「和」をベースに、美しいメロディーが織《お》り込《こ》まれた曲に合わせるように、衣装《いしょう》もガラリと変わり、着物がモチーフとなりました。これが、平昌仕様となったのです。

本来なら「陰陽師《おんみょうじ》」とするところですが、新しくなった曲を、羽生選手は「ＳＥＩＭＥＩ」と名付けました。この方が、外国人にも、わかりやすく、インパクトがあると考えたということです。

まずは、いくつかのアイスショーで試みられました。実際《じっさい》に観客の前で演《えん》じることで、磨《みが》きをかけていくというやり方です。反応《はんのう》は上々でした。

新しいプログラムで挑《いど》むこのシーズン、ＧＰシリーズの初戦は10月下旬《げじゅん》に開幕《かいまく》したスケート・カナダでした。ここで注目されたのは、久《ひさ》しぶりに実現《じつげん》するパトリック・チャンとの対戦でした。故障《こしょう》や病気などとも闘《たたか》いながら競技会《きょうぎかい》に挑《いど》み続けた羽生選手に対し、チャン選手は1年間を休養に当てていました。戦い続けた羽生選手と休養十分のチャン選手というわけです。日本のエース対、地元カナダの対決は、いやが上にも盛《も》り上がります。

しかし、SPで羽生選手はつまずきました。「どうした羽生」のざわめきが起こる中、エンジン全開とはいかず、低得点で6位と出遅《おく》れました。やはりチャン選手の存在《そんざい》が影響《えいきょう》したのか、と周囲は考えます。

「チャン選手のことは関係ありません」

翌日《よくじつ》のFSで羽生選手は巻《ま》き返しに出ました。確《たし》かに、前日のSPとは別人のような羽生選手がいました。それでも、SPで首位スタートしたチャン選手には届《とど》かず、2位で終わりました。悔《くや》しさが込《こ》みあげます。1か月後の11月27日に開幕《かいまく》するNHK杯《はい》を、新たな活躍《かつやく》の場にしようと誓《ちか》ったのでした。悔《くや》しさは懸命《けんめい》の練習《れんしゅう》で晴らすしかありません。カナダ杯《はい》の直後からの練習《れんしゅう》はハードなものになりました。その間に、戦う羽生選手が戻《もど》って来ました。そして、カナダ杯《はい》の悔《くや》しさを完全に取り戻《もど》す結果が待っていました。

初日のＳＰはノーミスで滑《すべ》りきり、１０６・33というだれも見たことのない数字が並《なら》びました。自分の持つ、１０１・45点をはるかに超《こ》える世界最高得点が生まれたのです。翌日《よくじつ》のＦＳも、ライバルたちを寄《よ》せ付けない強さを見せつけました。これまた、世界最高の２１６・07点です。当然、トータルも世界最高で、３２２・40点という驚異《きょうい》の数字が並《なら》びました。これは、つい１か月前に敗れたライバル、パトリック・チャン選手が持っていた世界記録２９５・27点を大きく更新《こうしん》する大記録となりました。悔《くや》しさを晴らすものでした。羽生選手の目には涙《なみだ》が光っていました。快記録《かいきろく》を連発したこの大会が、記念すべき、20歳《さい》最後の金字塔《きんじとう》になりました。

スケート人生最大の難関《なんかん》への挑戦《ちょうせん》

快進撃《かいしんげき》は続きます。21歳《さい》最初の試合は、それからすぐにやって来ました。12月11日、スペインのバルセロナで開幕《かいまく》したGPファイナルが、またしても歓喜《かんき》の舞台《ぶたい》となりました。

SP110・95点、FS219・48点、総合《そうごう》330・43点。つい最近マークしたばかりの自らの記録を、すべて塗《ぬ》りかえる世界最高得点のオンパレードでした。いずれも、実現《じつげん》は不可能《ふかのう》といわれていたような、驚異的《きょういてき》な得点です。男子としては、史上《しじょう》初のGPファイナル3連覇《れんぱ》という記録もついて来ました。

この快挙《かいきょ》を祝福《しゅくふく》するように、場内インタビューがおこなわれました。未来ある少年少女たちに送る言葉を求められて、羽生選手は答えました。

「どうか、スケートを、練習《れんしゅう》を、夢《ゆめ》をあきらめないでください」

このシーズンを締《し》めくくる16年3月の世界選手権《せんしゅけん》は、前年に続いて、練《れん》習《しゅう》仲間のフェルナンデス選手に優勝《ゆうしょう》をゆずりました。不振《ふしん》の理由は、大会後の診察《しんさつ》ですぐに判明《はんめい》しました。

左足甲《こう》の靭帯損傷《じんたいそんしょう》、全治2か月の重傷《じゅうしょう》でした。またも故障《こしょう》に見舞《みま》われた羽生選手ですが、スポーツ選手が、何年間も無傷《むきず》でいられるのはまれなケースといえます。

世界記録を総《そう》なめにし、SPで100点超《ご》え、FSで200点超《ご》え、総《そう》合《ごう》で300点超《ご》えをはじめて果たした選手にもなったシーズンですが、故《こ》障《しょう》で幕《まく》を降《お》ろしました。大活躍《だいかつやく》の後には、また、治療《ちりょう》とリハビリの生活が待っていました。全力でフィギュアに向き合った羽生選手に、神様は休養の時間を与《あた》えたのかもしれません。

故障《こしょう》から癒《いえ》えた羽生選手は、2016~17年シーズンで、NHK杯優《はいゆう》勝《しょう》、GPファイナル優勝《ゆうしょう》の活躍《かつやく》を見せました。特に、フランスのマルセイユでおこなわれたGPファイナルの優勝《ゆうしょう》には大きな意味がありました。前日22歳《さい》を迎《むか》えたばかりの12月8日に開幕《かいまく》したこの大会で、男女を通じて史《し》上《じょう》はじめてとなる4連覇《れんぱ》を達成したのです。かつてあこがれたプルシェンコ選手は、GPファイナル通算4度優勝《ゆうしょう》の記録を持っていますが、それは連覇《れんぱ》したものではありませんでした。4年連続優勝《ゆうしょう》は、羽生選手がはじめて成し遂《と》げた偉大《いだい》な記録となったのです。

17年3月の世界選手権《せんしゅけん》は、FSで自らの世界記録を更新《こうしん》する223・20点をマークして勝利。3年ぶりに王座《おうざ》を奪還《だっかん》して2度目の優勝《ゆうしょう》を飾《かざ》りました。完全に追われる立場になった王者です。フィギュア界をけん引している うちに、世界のレベルも上がりました。アメリカのネイサン・チェンなど、若手《わかて》も台頭して来ます。しかし、壁《かべ》が高く、困難《こんなん》が増《ふ》えるほど燃《も》えるのが羽生選手です。

「レベルも上がり、若《わか》いライバルたちも増《ふ》えてきた。だから楽しい」

と、話しました。ライバルたちとの、高いレベルでの競《きそ》い合いが自分を向上させてくれるというわけです。

王者らしく闘《たたか》いながら、新たな目標を築《きず》くことを忘《わす》れない人です。設定《せってい》した得点を目指し、クリアしたら、今度はその自らの記録超《ご》えを目標にするという課題を常《つね》に持ち続けることで意欲《いよく》を途切《とぎ》れさせることをしません。強い意志《いし》が羽生選手のフィギュア人生を支《ささ》えているのでしょう。

平昌でのオリンピック2連覇《れんぱ》を目指す思いは、どんどん高まっていきました。しかし、順調に見えた羽生選手を突然《とつぜん》のアクシデントが襲《おそ》います。オリンピックの開幕《かいまく》まで、およそ3カ月となった17年11月9日、NHK杯《はい》のために乗り込《こ》んだ大阪市中央体育館の公式練習《れんしゅう》で「事件《じけん》」は起きました。

4回転ルッツを跳《と》んで転倒《てんとう》、右足首外側靱帯損傷《じんたいそんしょう》の重傷《じゅうしょう》を負ったのです。スケート人生最大の「闘《たたか》い」が、そこからはじまったのです。オリンピック2連覇《れんぱ》の偉業《いぎょう》は、それだけドラマティックなものになりました。

そして、それは羽生結弦という新たな伝説の幕開《まくあ》けでもあったのです。羽生選手が、4年後のオリンピックに向けて、これからどんな挑戦《ちょうせん》を見せてくれるか、世界中が見守っています。

■参考文献

「フィギュアスケートデイズ」ｖｏｌ．13　ダイエックス出版
「羽生結弦　王者のメソッド　２００８―２０１６」野口美惠　文芸春秋
「心に残るオリンピック　パラリンピックの読み物」大野益弘監修　学校図書
「フィギュアスケート：技の解説」公益財団法人日本スケート連盟
「東京新聞・東京中日スポーツ」中日新聞東京本社

●満薗文博（みつぞの　ふみひろ）
1950年鹿児島県生まれ。鹿児島大学教育学部卒業。中日新聞東京本社（東京中日スポーツ）記者、報道部長、編集委員を経てスポーツジャーナリスト。大学講師。1988年ソウル五輪、92年アルベールビル冬季五輪、同年バルセロナ五輪、96年アトランタ五輪を現地取材するなど、長年オリンピック報道に携わる。「オリンピックトリビア」（新潮社）、「オリンピック面白雑学」（心交社）、「オリンピック雑学150連発」（文藝春秋社）、「小出義雄　夢に駆ける」（小学館）など。執筆協力した作品に「見つける育てる生かす　指導力の条件」（中村清著）、「小出監督の女性を活かす人育て術」（小出義雄著）＝ともに二見書房＝など。

【写真提供】フォート・キシモト
【編集協力】スポーツデザイン研究所（上柿和生）

羽生結弦　あくなき挑戦の軌跡

2018年4月　　初版第1刷発行

著　　者	満薗文博
発 行 者	小安宏幸
発 行 所	株式会社 汐文社
	東京都千代田区富士見1-6-1　〒102-0071
	電話：03-6862-5200　FAX：03-6862-5202
	URL：http://www.choubunsha.com
企画・制作	株式会社 山河（生原克美）
印　　刷	新星社西川印刷株式会社
製　　本	東京美術紙工協業組合

ISBN 978-4-8113-2477-7　　NDC916